CW00621853

Danièle Pauly

Le Corbusier: La Chapelle de Ronchamp
The Chapel at Ronchamp

Fondation Le Corbusier, Paris
Birkhäuser Publishers Basel · Boston · Berlin

Translation from French into English: Sarah Parsons, Paris

A CIP catalogue record for this book is available from the Library of Congress, Washington D.C., USA

Deutsche Bibliothek Cataloging-in-Publication Data
Le Corbusier: la chapelle de Ronchamp, the chapel at Ronchamp / Fondation Le Corbusier. Danièle Pauly. [Transl. from French into Engl.: Sarah Parsons]. -
Basel ; Boston ; Berlin : Birkhäuser, 1997
Dt.-Ital. Ausg. u.d.T.: Le Corbusier: die Kapelle von Ronchamp, la cappella di Ronchamp
ISBN 3-7643-5759-2 (Basel...)
ISBN 0-8176-5759-2 (Boston)

© 1997 Birkhäuser – Verlag für Architektur, P.O. Box 133, CH-4010 Basel, Switzerland
© 1997 Fondation Le Corbusier, Paris, Œuvre Notre-Dame du Haut : pour l'ensemble de l'œuvre de Le Corbusier

Printed on acid-free paper produced from chlorine-free pulp. TCF ∞
Printed in Germany

ISBN 3-7643-5759-2
ISBN 0-8176-5759-2

9 8 7 6 5 4 3 2 1

"(…) It only remains to decide whether occupying one's self with poetic phenomenae, manifested by volume, color and rhythm, is an act of unity or one of chaos – whether architecture, sculpture, painting, that is to say volume, form and color are incommensurable or synchronous – synchronous and symphonic. And whether life, admittedly not dedicated to the glorification (…) of the famous 'functionalism', a word which was never invented here, can but touch unknown beings along its path, by the means that one commonly calls 'art'. The dictionary says that art is 'the manner of doing'".

Le Corbusier (1)

Foreword

The Chapel of Notre-Dame-du-Haut at Ronchamp has inspired the compilation of a rich and varied range of reference material comprising a whole gamut of texts and a veritable treasure trove of illustrations. Few of Le Corbusier's buildings have done so much to fire the enthusiasm of photographers and researchers; similarly, few of his other works were referred to with so much affection by the architect himself, who honoured the chapel with a rare grace in his decision to publish the study sketches and accompanying notes he had made for the building. Several sources of material collected by the architect provide insight into the genesis of this project (2). This can be compared with the publication of the *Œuvre complète*; both were singular gestures. By means of the sketchbooks, the corpus of plans and the archive documents that have been preserved on the subject, Ronchamp, of all Le Corbusier's projects, furnishes the best reading of his architectural creation and his treatment of the conceptual phase.

«Il ne reste plus (…) qu'à décider si s'occuper du phénomène poétique manifesté par le volume, la couleur et le rythme est un fait d'unité ou un geste d'éparpillement. Si architecture, sculpture, peinture, c'est-à-dire volume, dessin et couleur sont disparates ou synchrones ; synchrones et symphoniques ; et si une vie est admissible, consacrée non pas à la glorification (…) (du) fameux ‹fonctionnalisme›, mot qui ne fut jamais inventé ici mais à toucher des êtres inconnus tout au long de la route par le moyen de ce que l'on appelle communément art ; le dictionnaire dit que l'art est la manière de faire».

Le Corbusier (1)

Avant-propos

Les textes sur la chapelle de Ronchamp sont nombreux et l'iconographie exceptionnellement abondante ; peu de bâtiments de Le Corbusier ont autant inspiré photographes et exégètes, peu ont été commentés avec tant d'attachement par l'architecte ; celui-ci avait choisi en effet d'en publier les croquis de recherche, accompagnés de ses commentaires ; et plusieurs petits recueils donnent ainsi à lire quelques traces de la genèse du projet (2). C'est l'une des rares réalisations qui, hors la publication de l'Œuvre complète, fait de la sorte exception. Grâce aux carnets de croquis, au corpus des plans et aux documents d'archives conservés, la chapelle de Ronchamp est, de tous les projets, celui qui donne le mieux à lire le processus de la conception et de la création architecturale chez Le Corbusier.

Ce guide convie, certes, à une promenade dans le bâtiment, mais aussi à une exploration à l'intérieur du processus de projet et de la démarche créative de l'ar-

This guide is not only an invitation to a *promenade* through the building – it is also an exploration of the different stages of the project itself and the architect's design process, largely drawn from Le Corbusier's own spoken and written comments (3). Ronchamp is without a doubt the most frequently visited of Le Corbusier's buildings; on the hill of Bourlémont wave upon wave of visitors flock in their thousands from the four corners of the Earth, rendering the site not only a Mecca of religious architecture, but also an architectural place of pilgrimage, promoted to the ranks of the most cherished and venerated of worldly treasures.

The generating idea for the Chapel of Notre-Dame-du-Haut was conceived in 1950 and its construction was completed in 1955; it was the first of only two religious architectural works built by Le Corbusier, the second being the Monastery of La Tourette constructed in 1960. The architect had designed schemes for two more projects of this nature, as can be seen in his *Œuvre complète*, but neither was to bear fruit: his scheme conceived in 1948 for the underground basilica at Sainte-Baume near Marseilles did not see the light of day, and the church at Firminy, for which Le Corbusier had drawn up the plans in 1965, and whose construction was undertaken after his death, still remains unfinished. This underscores the extreme importance of Ronchamp and La Tourette, which together form the architect's entire repertoire in the field of religious architecture. It also illustrates the sheer power of expression contained in both edifices. The chapel is generally perceived as a manifesto within Le Corbusier's work. It was the cause of many a controversy during its construction period, provoked a torrent of reaction and debate from critics

chitecte : cela en s'appuyant résolument sur les dires et les écrits de ce dernier (3). La chapelle de Ronchamp est sans doute le bâtiment le plus visité de Le Corbusier ; sur la colline de Bourlémont se succèdent par milliers les visiteurs venus du monde entier et le site est devenu non seulement un haut-lieu de l'architecture sacrée, mais aussi un pèlerinage architectural, à l'instar des hauts-lieux du patrimoine mondial.

La chapelle Notre-Dame-du-Haut, dont la conception débute en 1950 et la construction s'achève en 1955, est le premier projet d'architecture religieuse réalisé par Le Corbusier ; c'est aussi le seul existant, avec le couvent de la Tourette construit en 1960. Les deux autres projets, publiés dans l'Œuvre complète, ne voient pas leur aboutissement : en 1948, celui d'une basilique souterraine sur le site de la Sainte-Baume, près de Marseille, et celui pour l'église de Firminy en 1965, dont la construction, entreprise après la disparition de l'architecte, demeure inachevée. C'est dire l'importance que ces deux bâtiments d'architecture sacrée revêtent en regard de l'ensemble de la production de l'architecte ; c'est dire aussi la force d'expression que chacun contient. La chapelle fait figure de manifeste dans l'œuvre de Le Corbusier. Elle a nourri bien des polémiques au moment de son édification, suscité bien des réactions et des débats de la part de la critique et des historiens ; et, en ce milieu du XXème siècle où elle s'inscrit, elle marque d'une trace indélébile le territoire de l'histoire de l'architecture contemporaine.

«L'architecture est à *elle seule* un événement plastique total. L'architecture, à elle seule, est un support de lyrisme total. Une pensée totale peut être exprimée par l'architecture. L'architecture se suffit à elle-même. C'est l'un des genres qui

and historians and has stamped the indelible mark of contemporary architecture on the annals of the twentieth century.

"Architecture *alone* is an instance of total plasticity. Architecture alone represents the medium for total lyricism. A total thought can be expressed through architecture. Architecture is self-sufficient. It is a genre that was created for expressing both through and in itself a whole cycle of emotions, the most intense of which stems from the influence of mathematics (proportions), where the play of plastic forms is symphonic (volumes, colours, materials, light)" (4). These remarks, made by Le Corbusier in 1935, appear to have found their perfect vehicle of expression fifteen years on in the Chapel of Notre-Dame-du-Haut at Ronchamp.

fut créé pour manifester par soi et en soi un cycle entier d'émotions dont le plus intense viendra du rayonnement mathématique (proportions), dans lequel le jeu plastique est symphonique (volumes, couleurs, matières, lumière)» (4). Ces propos, tenus par Le Corbusier en 1935, semblent trouver leur expression la plus aboutie une quinzaine d'années plus tard, avec la réalisation de la chapelle de Ronchamp.

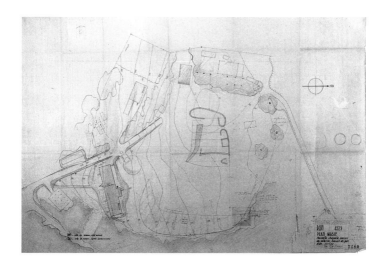

Site plan
Plan de situation

Visiting and "Reading" the Building

Visite et lecture du bâtiment

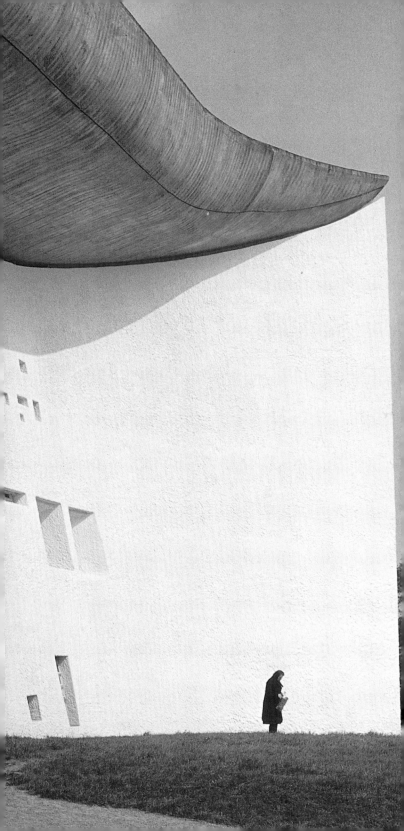

Promenade architecturale

1

2

4

5

6

7

8

9

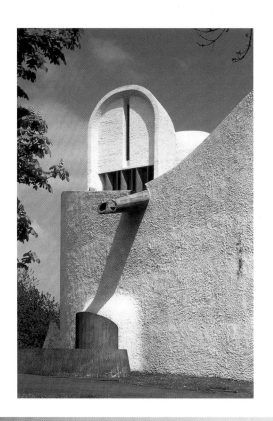

10

11

12

13

14

15

The Site

The Chapel of Notre Dame-du-Haut stands on the hilltop of Bourlémont in the Haute-Saône region. From its commanding position it surveys Ronchamp, a village situated about twenty kilometres from Belfort, on the road to Vesoul.

Around the hill unfolds a vast green landscape characterised by gently rolling forms: to the west is the Langres plateau; to the north are the last foothills of the Vosges; to the east lies the Trouée de Belfort; to the south and south-west the first plateaus of the Jura and the Saône plain can be discerned. The hill reaches an approximate height of five hundred metres; flanked by trees, through which two access paths have been hollowed out, it culminates in a rounded summit forming a small plateau that serves as a podium for the chapel.

The steep sides of the hill make it a kind of natural fortress; indeed it is first referred to in history as a strategic site (1). The old Roman road linking the town of Langres to the Rhine used to pass through the Trouée de Belfort which nestles beneath the overhang of the hill; today this is the road that links Paris with Basle. During the conquest of Gaul, the Romans are said to have made this site one of their defensive positions, and the very name "Ronchamp" most likely derives from the Latin source of *Romanorum campus*: Roman camp or *champ* (field). Tradition has it that around this period a pagan temple was erected on the hill of Bourlémont; later, in the 4th century AD, a sanctuary was constructed on this same parcel of land in homage to the Holy Virgin. Hence, this fortified place became a site for religious worship protected by natural forces yet

Le site

La chapelle Notre-Dame-du-Haut se situe au sommet de la colline de Bourlémont qui domine le village de Ronchamp, dans la Haute-Saône. Celui-ci se trouve à une vingtaine de kilomètres de Belfort, sur la route de Vesoul.

La colline est entourée de vastes paysages verdoyants aux formes paisibles : à l'ouest, le plateau de Langres ; au nord, les derniers contreforts des Vosges ; à l'est, la Trouée de Belfort ; au sud et au sud-ouest, les premiers plateaux du Jura et la plaine de Saône. Elle s'élève à une altitude de près de cinq cents mètres, ses flancs boisés sont escarpés et creusés par deux chemins d'accès ; elle s'arrondit en son sommet pour former un petit plateau sur lequel s'érige la chapelle.

Ses parois abruptes font de la colline une sorte de forteresse naturelle et les premières traces retrouvées de son histoire la font apparaître comme un lieu stratégique (1). En effet, par la Trouée de Belfort, que surplombe la colline, passait la voie romaine reliant la ville de Langres au Rhin ; cette voie correspond à l'actuel axe de circulation entre Paris et Bâle. Les Romains y auraient installé une de leurs positions lors de la conquête de la Gaule. Et l'étymologie la plus vraisemblable de Ronchamp serait latine : *Romanorum campus*, camp ou champ des Romains. La tradition veut qu'un temple se soit élevé dès cette époque sur la colline de Bourlémont. Et au IVème s., sur l'emplacement de l'édifice païen, un sanctuaire aurait été érigé en hommage à la Vierge. Ainsi, ce lieu fortifié devient-il l'abri d'un culte et à la protection naturelle s'ajoute en quelque sorte une protection surnaturelle.

Site of the chapel
Le site de la chapelle

at the same time shrouded in a kind of mystical aura.

The first records of a chapel on the hill of Bourlémont date from the thirteenth century; by this time the site had become a place of pilgrimage, its fame augmented by the legends of miracles that had occurred there. In the eighteenth century, a church was built in the valley, on the current site of the village of Ronchamp. The chapel on the hill was therefore named Notre-Dame-du-Haut in order to differentiate this sanctuary from the parish church. This chapel was to experience the trials and tribulations of the Revolution and would not recover its role as a place of pilgrimage until the nineteenth century, a function that reached its apotheosis soon after the cessation of French-German hostilities, on 8th September 1873: on this date (commemoration of the Birth of the Blessed Virgin Mary), thirty thousand pilgrims from both France and Germany flocked to the chapel.

The site of Ronchamp is thus steeped in history. Its pilgrimage tradition, deeply rooted in local culture, lends a symbolic dimension to the place and clothes it in a certain poignancy. Le Corbusier was especially sensitive to the atmosphere that bathes this site, as well as to its cosmic dimension. As he himself said to a journalist on the occasion of the chapel's inauguration: "this is a place of pilgrimage, but some things go deeper than one would generally imagine; there are certain places that for one reason or another are hallowed, because of their site, setting, geographical location, political tension surrounding them etc. And there are designated places, 'high places' in both senses: altitude and elevation" (2).

L'existence d'une chapelle sur la colline de Bourlémont est mentionnée pour la première fois au XIIIème s.; dès cette époque, le site est connu comme lieu de pèlerinage et cette tradition se trouve renforcée par les légendes de miracles qui s'y rattachent. Au XVIIIème s., une église est érigée dans la vallée, à l'emplacement de l'actuelle commune de Ronchamp ; la chapelle située sur la colline prend alors le nom de Notre-Dame-du-Haut pour la distinguer de l'église paroissiale. Elle connaît les vicissitudes de la Révolution, puis retrouve au XIXème s. sa fonction de pèlerinage ; cette fonction connaît son apothéose au lendemain des hostilités franco-allemandes, le 8 septembre 1873, date de la célébration de la Nativité de Marie, alors que s'y rassemblent quelques trente mille pèlerins des deux nations.

Le site de Ronchamp est ainsi empreint d'une longue histoire et sa tradition de pèlerinage, profondément inscrite dans la culture locale, donne sa dimension symbolique au lieu, le dotant aussi d'un pouvoir émotionnel certain. Particulièrement sensible à l'atmosphère qui baigne cet endroit et à la dimension cosmique du site, Le Corbusier, au moment de l'inauguration de la chapelle, explique à un journaliste :«C'est un but de pèlerinage, mais il y a des choses beaucoup plus profondes qu'on ne le croit généralement ; il y a des lieux consacrés, on ne sait pas pourquoi : par le site, par le paysage, la situation géographique, la tension politique qui se trouve alentour, etc. Il y a des lieux désignés, des ‹hauts-lieux› dans les deux sens du terme : l'altitude et puis l'élévation» (2).

The "Promenade Architecturale"

In order to fully perceive the rich application of plastic arts in this building and to comprehend its forms, spaces and functions, one must embark upon the famous *promenade architecturale* proposed by Le Corbusier during the Twenties for those tackling his architectural works. In order to fully appreciate the construction, one's reading of the architecture must be linked to this notion of procession, of physical apprehension of the building. The architect attached great importance to the visitor's route towards and through the construction as well as to his direct perception of the edifice – imperative for understanding the architecture, according to Le Corbusier. During a conference held in Rome in 1936, he explained at length the vital role of the individual within the architectural interplay or *jeu:* "Forms bathed in light. Inside and outside; below and above. Inside: we enter, we walk around, we look at things while walking around and the forms take on meaning, they expand, they combine with one another. Outside: we approach, we see, our interest is aroused, we stop, we appreciate, we turn around, we discover. We receive a series of sensory shocks, one after the other, varying in emotion: the *jeu* comes into play. We walk, we turn, we never stop moving or turning towards things. Note the tools we use to perceive architecture... the architectural sensation we experience stems from hundreds of different perceptions. It is the 'promenade', the movements we make that act as the motor for architectural events" (3). This *promenade* proposed by the architect is the perfect approach to the structure that sits on the hill of Bourlémont.

From the road linking Belfort with Vesoul, the white outline of the chapel

La «promenade architecturale»

La perception de la richesse plastique du bâtiment, la compréhension de ses formes, de ses espaces, de ses fonctions, supposent que l'on entreprenne la désormais fameuse «promenade architecturale» suggérée par Le Corbusier, dès les années vingt, pour aborder ses réalisations. Et la meilleure approche que le visiteur puisse avoir de la chapelle requiert que l'on relie sa description et sa lecture à cette notion de cheminement, d'appréhension physique du bâtiment. L'architecte s'attache à cette nécessité du parcours, de la perception directe, impérative selon lui, pour la compréhension d'une architecture. Il s'explique longuement, à l'occasion d'une conférence donnée à Rome en 1936, sur l'intervention nécessaire de l'individu pour lequel le «jeu» architectural est organisé : «Des formes sous la lumière. Dedans et dehors; dessous et dessus. Dedans : on entre, on marche, on regarde en marchant et les formes s'expliquent, se développent, se combinent. Dehors : on approche, on voit, on s'intéresse, on s'arrête, on apprécie, on tourne autour, on découvre. On ne cesse de recevoir des commotions diverses, successives. Et le jeu joué apparaît. On marche, on circule, on ne cesse de bouger, de se tourner. Observez avec quel outillage l'homme ressent l'architecture… ce sont des centaines de perceptions successives qui font sa sensation architecturale. C'est sa promenade, sa circulation qui vaut, qui est motrice d'événements architecturaux.» (3). Ce cheminement proposé par l'architecte s'adapte de manière exemplaire au bâtiment érigé sur la colline de Bourlémont.

Déjà, depuis la route reliant Belfort à Vesoul, la silhouette blanche de la chapelle émerge de la colline, forme organique et

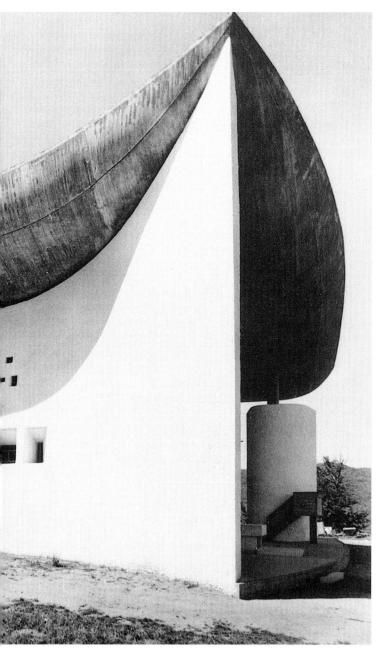

South-facing entrance facade
La façade d'entrée, au sud

can already be discerned as it rises up on the hill. Its unexpected organic form, transmitting its signal to the four horizons, can be seen from miles around. Starting from the village of Ronchamp, the visitor takes a small steep path; having arrived at the summit of the hill, he mounts another path shaded by trees and hedges: suddenly the chapel emerges from the foliage. This initial approach to the chapel never ceases to amaze: the edifice appears at one and the same time monumental and small, imposing and reassuring, disconcerting and familiar.

On either side of this path there are two buildings whose geometric volumes contrast with the organic forms of the chapel. On one side, in the foreground, there appears the long horizontal "pilgrims' house" (comprising two dormitories and a refectory). On the other side, concealed behind trees, there is the "caretaker's house", accommodating the chaplain of Notre-Dame-du-Haut.

These buildings both stem from the same language: predominantly orthogonal lines, in *béton brut* (untreated concrete) and with a two-level roof. On the chapel side, the north slope leading from the pilgrims' house is covered with grass which effectively extends the green area around the open-air altar. The south facade is pierced with a rhythmic pattern of large openings and its walls are made up of the rubble recovered from the ruins of the old chapel; these walls are whitewashed and covered in polychrome paint in triangular forms where white and blue are the dominant colours. The harmonious effect produced by the architecture is heightened by the carefully-arranged positioning of the concrete dining tables, laid out at spaced intervals in front of the facade. When the visitor mounts the

surprenante, signal lointain qui appelle le regard depuis les quatre horizons. A partir du village de Ronchamp, le visiteur emprunte une petite route escarpée ; arrivé au sommet de la colline, il gravit encore un chemin entre les arbres et les haies ; la chapelle surgit derrière les frondaisons. La première approche ne manque pas de surprendre ; la chapelle paraît à la fois monumentale et petite, impressionnante et rassurante, déconcertante et familière.

De part et d'autre de ce chemin, se trouvent deux bâtiments dont les volumes géométriques contrastent avec les formes organiques de la chapelle : d'un côté, au premier plan, le long volume horizontal de la «maison des pèlerins» (comportant deux dortoirs et un réfectoire) ; de l'autre, dissimulée derrière les arbres, la «maison du gardien», occupée par le chapelain de Notre-Dame-du-Haut.

Ces bâtiments procèdent tous deux du même langage : prédominance de lignes orthogonales et construction en béton brut de décoffrage, avec une toiture à deux pentes décalées. Dans la maison des pèlerins, la pente nord, du côté de la chapelle, est couverte de gazon et prolonge ainsi l'esplanade de verdure autour de l'autel extérieur. Du côté sud, la façade est rythmée par de larges baies et des pans de murs en moellons, récupérés de l'ancienne chapelle et enduits de lait de chaux ; ils sont recouverts de formes géométriques colorées (carrés ou triangles) où le bleu et le blanc prédominent. Cette architecture est encore rehaussée par le rythme des tables en béton, placées en avant de la façade. Lorsque l'on gravit le chemin, les lignes horizontales de la maison des pèlerins, soutenues par la polychromie, semblent visuellement servir d'assise aux formes dynamiques de la chapelle.

path, the horizontal lines of the pilgrims' house, underscored by polychromy, seem to visually act as a base for the dynamically tensioned forms of the chapel.

The Exterior

"Outside: we approach, we see, our interest is aroused, we stop, we appreciate..." The visitor arrives at the south side of the building and perceives the white heavy mass of a lofty tower firmly anchored to the ground and a high wall pierced with sporadic openings, the dark massive curves of a roof that sags onto a thick sloping wall and several grains of colour sprinkled on the door. The tense oppositions in the forms of the building are immediately visible to the visitor, contradictions which are emphasised by the construction materials.

The South-Facing Entrance Facade

The entrance facade is composed of a curvilinear wall governed by the volume of the roof; the enamelled door that forms the main entrance to the chapel is set in a vertical surface between this wall and the main south-west tower. The wall is pierced with orthogonal-shaped openings of varying dimensions: some of these are extremely small slots peppered across the facade, others are deep cavities.

The surface of the wall is imbued with complexity: it is skew, tilted in relation to the entrance, and straightens up gradually, re-establishing verticality in the swell of the south-eastern corner. On its lowest side where it is most steeply inclined, the base is at its widest and the roof appears to sag more here than at any other point. The division between the wall and the volume of the tower is marked by the

L'extérieur

«Dehors : on approche, on voit, on s'intéresse, on s'arrête, on apprécie...» Le visiteur arrive par le côté sud : masses blanches et solidement ancrées d'une haute tour et d'une muraille aux rares ouvertures, masse sombre et dynamique d'une pesante toiture reposant sur l'épais mur incliné...quelques touches de couleur parsemées sur la porte... D'emblée, le contraste des formes est accusé par le matériau.

La façade d'entrée, au sud

La façade d'entrée se compose d'un mur curviligne dominé par le volume de la couverture ; entre ce mur et la haute tour sud-ouest, dans une paroi verticale, s'ouvre la porte émaillée qui est l'entrée principale de la chapelle. Le mur est percé d'ouvertures, de forme orthogonale et de dimensions diverses, qui sont tantôt des trouées très réduites, presque à fleur de façade, tantôt des alvéoles profondes.

La paroi du mur est de forme complexe : c'est une surface gauche, inclinée par rapport au plan de l'entrée, et qui se redresse progressivement pour rétablir la verticalité dans l'élancement de l'angle sud-est. Du côté où sa hauteur est moindre et son inclinaison maximum, sa base est la plus large et la toiture semble peser le plus fortement. La séparation du mur d'avec le volume de la tour est marquée par le plan vertical où s'ouvre la porte. A cet endroit, la désolidarisation de la masse du toit d'avec celle de la tour s'établit par un intervalle plus réduit. Le mur sud rejoint le côté à l'est par une verticale qui est le point le plus haut de la chapelle.

vertical plane within which the door is set. Here, a gap serves to free the mass of the roof from that of the tower. The south wall meets with the east side in a vertical line, which forms the highest point of the chapel.

Within this free and dynamic range of shapes, the geometric order is set by several essential elements within the plan. The outline of the door, for example, is accentuated by two parallelepiped blocks: one, of vertical shape, is the foundation stone of the chapel; the other, set horizontally, is a console fixed into the surface of the main tower and marks the right angle. These two volumes underscore the entrance space, set back between the powerful volume of the southwest tower and the sloped mass of the south wall. They also serve as an orthogonal and static reference within a facade dominated by curved and oblique lines. Here these are the only two protruding volumes; they contribute to a plastic play of positive and negative elements by means of the contrast they evoke with the cavities of the openings.

Then, "...we turn around, we discover. We receive a series of sensory shocks, one after the other, varying in emotion...". The high vertical line of the south-eastern corner calls out to the visitor, thus drawing him towards the east where he finds the outdoor chapel. This route is the same as that taken by faithful worshippers on pilgrimage days as they proceed from the main door in the south towards the open-air altar. This corner adopts the swell of a ship's prow, to which the hull of the roof appears to cling.

Face à la liberté et au dynamisme des formes, l'ordre géométrique est rétabli par quelques éléments, essentiels dans la composition. Ainsi, le plan de la porte est mis en valeur par deux blocs parallélépipédiques : l'un, vertical, est la pierre de fondation de la chapelle, l'autre, horizontal, est une console fichée dans la paroi de la grande tour, venant marquer l'angle droit. Ces deux volumes soulignent l'espace d'entrée, en retrait entre le puissant volume de la tour sud-ouest et la masse inclinée du mur sud. Ils marquent aussi une référence à l'orthogonale et à la statique dans une façade où les lignes dominantes sont les courbes et les obliques. Ce sont ici les deux seuls volumes saillants et ils contribuent à un jeu plastique de positifs et de négatifs par le contraste qu'ils offrent avec les alvéoles des ouvertures.

Puis, «...on tourne autour, on découvre. On ne cesse de recevoir des commotions diverses, successives... » ; la haute verticale de l'angle sud-est attire spontanément le visiteur qui est alors conduit vers l'est où se trouve le chœur extérieur. C'est aussi le cheminement suivi par la procession des fidèles, les jours de pèlerinage, entre la grande porte sud et l'autel en plein-air. L'élancement de cet angle apparaît alors tel une «proue» à laquelle semble s'accrocher la nacelle de la toiture.

South wall and south-west tower
Le mur sud et la tour sud-ouest

The Outdoor Chapel in the East

Following the same concept of dynamics, the form of the east side of the chapel resembles a full sail, or an aeroplane's wing. Here the roof juts out to form a large hood leaving space beneath for an outdoor chapel. This canopy, joined to the far end of the south-eastern corner, slopes down to the north side to finally rest on a pier concealed within a cylindrical sheath. Like the south wall, its surface is skew and its shape dilates so as to encompass the outdoor sanctuary. Designed to receive crowds of gatherers on pilgrimage days and to host open-air celebrations of Mass, the sanctuary opens onto a natural esplanade whose limits are defined at one end as the orthogonal volumes of the pilgrims' shelter, and at the other as a pyramid of stones forming a memorial monument to the dead.

The floor of the outdoor chapel is made up of paving stones that follow the curve of the roof canopy. This hood overhangs and protects the liturgical elements (altar, bench for officiating priests, pulpit, and choir gallery). An effigy of the Holy Virgin is embedded into an opening, visible from both outside and inside. A second entrance, reserved for celebrants, separates the vertical wall from the reverse side of the south wall. Recesses designed to hold religious objects are hollowed out within this reverse side.

Other secondary elements are extremely simple in form, and consequently produce a stabilising effect within the overall composition. The primordial component – the altar – is a block of white stone, a parallelepiped placed on two orthogonal bases, shaped according to Modulor proportions. Other elements include geometrical concrete volumes, which as in the south, mark the right an-

Le chœur extérieur, à l'est

Même apparence de voile gonflée, même forme en aile d'avion, à l'est où la toiture s'avance en un large surplomb au-dessus d'un chœur extérieur. Rattaché à l'extrémité de l'angle sud-est, cet auvent descend vers le côté nord pour reposer sur une pile dissimulée dans une gaine de forme cylindrique. Comme le mur sud, cette paroi est une surface gauche et sa forme se dilate pour englober le chœur. Destiné aux offices en plein-air et aux rassemblements les jours de pèlerinage, le chœur s'ouvre sur une esplanade naturelle ; celle-ci est délimitée à l'une de ses extrémités par les volumes orthogonaux et bas de l'abri des pèlerins, à l'autre, par une pyramide de pierres, faisant office de monument aux morts.

Le chœur est circonscrit au sol par une dalle qui suit la courbe de l'auvent de la toiture. Cet auvent surplombe et protège les éléments nécessaires à la liturgie (autel, banc des officiants, chaire et tribune des chantres). Une ouverture abrite une statue de la Vierge, visible de l'extérieur et de l'intérieur. Une entrée secondaire, réservée aux célébrants, sépare le mur de la paroi verticale au revers du mur sud. Dans ce revers sont creusées des niches, destinées à abriter les objets nécessaires au culte.

Les éléments secondaires présentent les formes les plus simples et produisent un effet stabilisateur dans la composition d'ensemble. Ainsi, l'élément primordial, l'autel, est un bloc de pierre blanche, parallélépipède posé sur deux piètements orthogonaux, taillé selon le Modulor. Les autres éléments sont des volumes géométriques, réalisés en béton, qui viennent également, comme au sud, marquer l'angle droit dans la façade. Ils répondent aux formes arrondies du bâtiment,

South-east corner
L'angle sud-est

gle in the facade. They act as the geometrical counterpart to the curved forms of the structure, such as those that make up the choir gallery and the sheath encasing the pier. In short, they introduce a human dimension. The pulpit is a design object in itself: a rigid cube laid on a pillar, accessed by an oblique set of steps at the rear, it backs onto the massive cylindrical white surface in rough plaster. Made from *béton brut*, it creates a contrast with the walls of the chapel, both through its form and the colour of its material.

Another cubic component in *béton brut* is the service table used for placing all objects required for open-air celebrations of Mass. This is inserted into one of the recesses hollowed out in the reverse surface of the south wall. These orthogonal recesses are accorded an essential role in the overall composition: they accentuate the play of volumes created by surrounding elements, in a way acting as a negative to them. Furthermore, they highlight the thickness of the wall, emphasising its solid appearance.

These two dynamically tensioned facades, characterised by sets of curved and oblique lines and shapes that stretch out towards the surrounding countryside, respond to the function intended for them by the architect: a southern facade that opens out in warm welcome, with its beacon tower and open wall, and a facade which receives visitors in the east, with its curved wall leaving space free for the crowds of pilgrims. A clergyman, present at the birth of this chapel, describes how the building can take on the function of a "cathedral": "on important pilgrimage days, such as 15th August and 8th September, the esplanade becomes an open-air church. Harmony is established between the architecture, the

telles celles de la tribune des chantres et de la gaine entourant la pile, et ils introduisent la dimension humaine. La chaire constitue un objet plastique en tant que tel : ce cube rigoureux, posé sur un pilier et auquel on accède par un escalier oblique à l'arrière, est adossé à la paroi de la masse cylindrique en crépi blanc ; réalisée en béton brut de décoffrage, elle crée un contraste, par sa forme et la couleur du matériau, avec les parois de la chapelle.

Un autre élément cubique, en béton brut, table de desserte pour les objets nécessaires à l'office en plein-air, est placé dans une des niches creusées dans la paroi de revers du mur sud. Ces niches, de forme orthogonale, ont une importance primordiale dans la composition de l'ensemble : elles accentuent le jeu de volumes créé par les autres éléments et elles en sont, en quelque sorte, le négatif. Par ailleurs, elles marquent l'épaisseur de la paroi, lui donnant toute sa matérialité.

Jeux de lignes courbes et obliques, formes tendues vers le paysage environnant, le caractère de ces deux façades, tout en dynamisme, répond à la fonction qu'a voulu leur attribuer l'architecte : façade qui accueille, au sud, tour d'appel et mur ouvert ; façade qui reçoit à l'est, mur incurvé pour rassembler une foule de pèlerins ; un ecclésiastique, témoin de la première heure, commente cette fonction de «cathédrale» que peut prendre la chapelle : «les jours de grands pèlerinages le 15 août et le 8 septembre, l'esplanade devient une église de plein-air. L'architecture trouve dans le ciel et dans l'horizon son rapport véritable. L'auvent qui abrite l'autel a la solennité d'un chœur de cathédrale. (...) Vue de la chapelle, la cérémonie prend une ampleur extraordinaire. L'autel ordonne une vie multiple, dispersée en cercles concentriques. Au-devant, la foule com-

South-facing entrance door
La porte d'entrée, au sud

Outdoor chapel in the east
Le chœur extérieur, à l'est

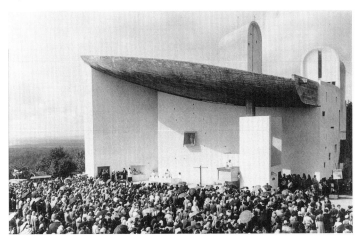

sky and the horizon. The canopy covering the altar is imbued with the solemnity of a cathedral choir (...). Seen from the chapel, the ceremony adopts an incredible grandeur. The altar is a central point of gravity, around which everything else is ordered, like a series of concentric circles. In front, the crowds of worshippers form the central core of the landscape; around about are the monuments erected by the architect: pyramid and shelter... sturdy elements which define the limits of the sacred enclosure, protecting the gathering of worshippers yet without cutting them off from the rest of the world. The blue amphitheatre of sky and landscape unfurls in the distance. The altar is perceived as the pivot of a cosmic celebration" (4).

The south and east facades stand in sharp contrast to the north and west sides, which are made up of vertical or horizontal lines and stalwart thickset shapes, like those of the two small towers. The walls appear here to be turning their backs on the surrounding landscape to protect themselves from the outside world in a closed-off space that inspires meditation.

The North Facade

The north facade confines both functional spaces and two side chapels, housed within the two towers. The vertical wall is punctuated by orthogonal openings and a two-level oblique staircase leading to the functional rooms. The dynamic tension of its form underscores the play of mass and space. The openings illuminate these rooms as well as the north-east corner of the nave.

The two twin towers adopt a cylindrical-like shape with cant walls and are surmounted by calottes facing opposite directions: one is bathed in light at sunrise,

pose le cœur du paysage ; alentour, les monuments dressés par l'architecte, pyramide, abri... dessinent l'enceinte sacrée avec des éléments fermes qui protègent l'assemblée sans cependant la couper du monde. Au-delà, dans le lointain, se déploient le cirque bleu du paysage et le ciel. L'autel apparaît comme le centre d'une célébration cosmique» (4).

Les deux façades sud et est, offrent un contraste majeur avec les côtés nord et ouest, dominés par des lignes verticales et horizontales, des formes stables et trapues, comme celles des deux petites tours. Les murs semblent ici tourner le dos au paysage pour se refermer vers un espace protégé de l'extérieur et clos pour le recueillement.

La façade nord

La façade nord enferme d'une part des espaces de fonction, d'autre part deux chapelles secondaires, contenues dans les deux tours. La paroi verticale est animée par le percement d'ouvertures de formes orthogonales et par l'oblique d'un escalier à deux volées successives, accédant aux pièces de service, et dont la dynamique vient souligner la composition de pleins et de vides. Les ouvertures éclairent ces pièces ainsi que l'angle nord-est de la nef.

Les deux tours jumelles, d'une forme proche du cylindre, à pan coupé, sont surmontées de calottes orientées dans des directions opposées, l'une prenant la lumière du levant, l'autre, celle du couchant. Dans l'intervalle qui les sépare dos à dos, s'ouvre une porte secondaire qui est l'entrée usuelle, réservée aux fidèles et aux visiteurs. Comme l'entrée à l'est, cette porte est surmontée d'un linteau dominé par deux rangées de brise-lu-

Altar, pulpit and choir gallery
L'autel, la chaire et la tribune des chantres

the other at sunset. A second door is placed in the gap that separates these towers as they stand back to back. This is the entrance used on a daily basis by worshippers and visitors. As with the east entrance, this door is crowned by a lintel that lies beneath two rows of *brise-lumière* (light shields). The second tower – in a sense an extension of the west wall – provides a transition between the north and west facades.

The West Facade

The west wall is the only blind facade of the edifice. Just as it forms one of the towers in the north, in the south it unfurls to become the base of the main south-west tower which houses the third side chapel. This facade is characterised both by the parabolic curve of the last levelling course of the wall and by a bulge containing the confessional embedded in the mass of the wall. The line of the last levelling course in a sense links the vertical line of the north tower with that of the south tower. It is this latter structure, the highest of the three towers and visible from afar, that causes the building to stand out so strikingly against the landscape, thus beckoning visitors from all around.

The facade is embellished with secondary elements which fulfil both a functional and design role: the gargoyle through which the rain water gushes from the roof, and the tank that catches this water. These elements create a sculptural object, and "vitalise" the facade. The geometrical forms of the tank (truncated cylinder and pyramids) in *béton brut* break with the uniform white roughly plastered surface and the bulge housing the confessional. The "gun-barrel" shape of the gargoyle is set at an oblique angle

mière. La seconde tour est en quelque sorte formée par l'enroulement du mur ouest et elle constitue la transition entre les façades nord et ouest.

La façade ouest

Le mur ouest est la seule façade aveugle de l'édifice. De même qu'il vient constituer au nord l'une des deux tours, il s'enroule vers le sud pour former la base de la grande tour sud-ouest qui abrite la troisième chapelle secondaire. Cette façade est caractérisée par la courbe parabolique de l'arase de la paroi et par un renflement qui contient le confessionnal logé dans la masse du mur. La ligne de l'arase relie en quelque sorte la verticale de la tour nord à celle de la tour sud. C'est cette tour, la plus haute des trois, visible de loin, qui distingue aussi fortement le bâtiment dans le paysage et fait fonction d'appel.

Enfin, la façade est animée par les éléments secondaires, à la fois fonctionnels et plastiques, que sont la gargouille – par où s'écoulent les eaux de pluie provenant du toit – et le bassin de réception de ces eaux. Ces éléments composent un objet sculptural et constituent un point d'animation de la façade. Les formes géométriques de la citerne (cylindre tronqué et pyramides) réalisées en béton brut de décoffrage, tranchent avec la paroi uniforme en crépi blanc et la forme douce du renflement contenant le confessionnal. La forme en «canon de fusil» de la gargouille vient se ficher obliquement dans le mur, au point le plus bas de la toiture, non apparente de ce côté. Cet élément marque un accent très fort dans la composition formelle de la chapelle et il constitue un «événement plastique» dans la «promenade architecturale» ; en effet, pour le visiteur, il marque un temps d'arrêt dans le

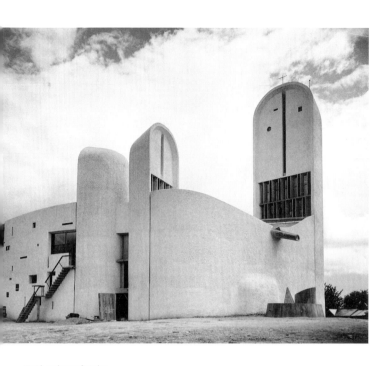

North and west facades
Les façades nord et ouest

Rainwater tank and gargoyle in the west wall
La citerne et la gargouille à l'ouest

in the wall, at the lowest point of the roof, which is invisible from this side. It is a keynote within the formal composition of the chapel and constitutes a "plastic event" within the *promenade architecturale:* the visitor pauses on his way, looks at it, leans towards it, and carefully studies it from all angles.

The dual function bestowed on this building by the architect – small chapel for prayer and meditation, and a place of worship with facilities for receiving crowds of worshippers – can be first and foremost perceived in the forms of the chapel. These shapes both debate and dialogue with one another: the breathtakingly-high thrust of the south-eastern corner, offset by the mass of the towers anchored to the ground; the dynamic shape of the hull of the roof, counterbalanced by the solid static forms of the gently curving towers. These shapes complement and communicate with each other, in the same way as they "dialogue" with the surrounding landscape and the four horizons.

The Interior

On entering the chapel via the north door (the sensations aroused are as strong as when entering through the main door) the visitor's gaze is immediately drawn to the south wall and the choir to the east. Today the south wall of the chapel at Ronchamp stands as an emblem of the artistic treatment of light that Le Corbusier integrated into his works.

A different process than with the exterior is followed when reading the interior of the edifice. Outside it is necessary to walk all around the building and study each facade from different angles in order to fully grasp the essence of the ar-

cheminement : on regarde, on se penche, on contourne...

La double fonction que l'architecte a voulu donner à l'édifice – petite chapelle abritant la prière et le recueillement, et lieu de culte susceptible d'accueillir l'assemblée des fidèles – est d'emblée perceptible dans les formes de la chapelle, formes qui à la fois s'opposent et s'équilibrent : l'élancement vertigineux de l'angle sud-est, compensé par la masse des tours, ancrées dans le sol ; le dynamisme de la nacelle du toit, contrebalancé par la solidité et le statisme de ces tours, aux lignes arrondies et douces. Ces formes se complètent et se répondent, tout comme elles «répondent» au paysage et aux quatre horizons.

L'intérieur

En pénétrant dans la chapelle par la porte située au nord, – l'impression est aussi forte si le visiteur entre par la porte principale – d'emblée le regard est attiré par le mur sud et par le chœur, à l'est. Le mur sud de la chapelle de Ronchamp est devenu emblématique de l'art de composer avec la lumière propre à Le Corbusier.

La perception de l'intérieur de l'édifice ne procède pas de la même démarche qu'à l'extérieur ; alors qu'au dehors une bonne compréhension du bâtiment nécessite que l'on tourne tout autour, que l'on considère chaque façade selon différents angles de vue, l'appréhension de l'intérieur se fait par sensations successives, provoquées par l'ambiance créée grâce aux jeux de la lumière dans la composition spatiale.

Il convient, certes, de décrire les caractéristiques essentielles du bâtiment, mais

chitecture; inside however, this process occurs through the visitor experiencing a series of different sensations, generated by the ambience created through the play of light within the spatial composition.

It is naturally important to describe the main characteristics of the building, yet it is above all essential to urge the visitor to let himself be transported by the aesthetic emotion inspired here. After all, was this building not intended to be a *machine à émouvoir*? As Le Corbusier wrote: "The Chapel? A vessel of silence, of sweetness. A wish: Yes! To achieve, through the language of architecture, the feelings evoked here" (5). Likewise, in an interview given in 1961 on religious architecture, he explained: "Emotion comes from what one sees — that is to say volumes — from what the body feels through the impression or pressure of the walls on itself, and next by what the lighting offers either in terms of density or in terms of softness depending on the places it is directed towards" (6).

A "Sculpted" Space

While sketching an interior elevation of the chapel, Le Corbusier noted: "the inside is a 'round hump' (hollow)". While the exterior is a product of the interior, the inside is not the only negative of the exterior forms. It is as if the volumes of the chapel have been conceived as dug-out hollows and the building itself as a kind of sculptural cockpit: "an edifice is like a soap bubble; this bubble is perfectly formed if it is blown evenly, if one's breathing is well-regulated from the interior", explained the architect (7). The space, defined by the envelopes of the walls and by the roof covering, appears contained between the west and north walls and the side chapels. It then spills

surtout de suggérer au visiteur de se laisser envahir par l'émotion esthétique qu'il peut éprouver : ce bâtiment ne se veut-il pas «machine à émouvoir» ? Le Corbusier écrit : «la chapelle? un vase de silence et de douceur. Un désir : oui ! par le langage de l'architecture atteindre aux sentiments ici évoqués» (5) et répondant, en 1961, à une interview à propos de l'architecture religieuse, il explique : «L'émotion vient de ce que les yeux voient, c'est-à-dire les volumes, de ce que le corps reçoit par impression ou pression des murs sur soi-même, et ensuite de ce que l'éclairage vous donne soit en densité soit en douceur selon les endroits où il se produit» (6).

Un espace «sculpté»

Esquissant une élévation intérieure de la chapelle, Le Corbusier note : «le dedans est aussi une ‹ronde-bosse› (en creux)». Si l'extérieur résulte de l'intérieur, l'intérieur n'est pas le seul négatif des formes extérieures. Les volumes de la chapelle sont comme modelés en creux et le bâtiment est conçu telle une sorte d'habitacle sculptural : «un édifice est comme une bulle de savon, cette bulle est parfaitement harmonieuse si le souffle est bien réparti, bien réglé de l'intérieur» explique l'architecte (7). L'espace, déterminé par les enveloppes des murs et par la couverture, semble contenu entre les parois ouest et nord et les chapelles secondaires pour se dilater vers le côté sud et vers l'est, tant par la fente laissant filtrer un mince filet de jour sous le toit que par les ouvertures réparties sur ces deux côtés.

Les volumes intérieurs semblent conçus selon un rapport dialectique établi entre l'espace du chœur, à l'est, et l'espace opposé, à l'ouest. Selon que le visiteur con-

out towards both the south and east sides: an effect generated as much by the slit that filters a thin strip of light under the roof as by the openings pierced along the two sides.

The interior volumes seem to have been created as a dialectic relationship between the choir in the east and the space facing it in the west. The "architectural sensation" experienced by the visitor is completely different when contemplating either one of these parts of the chapel. The choir evokes an impression of equilibrium, whereas the far end of the chapel is almost devoid of balance. On one side, vertical lines "framing" the choir space – the north wall and the surface that houses the second door in the south-eastern corner – contrast with the eye-catching horizontal lines of the communion ramp and the benches. Orthogonal lines re-establish the geometrical order – those of the cross, the stone altar and the pulpit in the north: lines which offer the eye assurance of stability and harmony. On the other side there are curved lines – the last levelling course of the west wall and the sagging bulbous mass of the roof that weighs down heavily onto the space below. And finally there are oblique lines – those of the south wall that frame the main door. These lines are impregnated with the force of dynamics yet diffuse a sensation of near imbalance within the spatial composition, at the point where the eye is searching for an element to which it can cling. One side is an illuminated space, with rays of light running beneath the roof from south to east, openings with wide splays in the south wall, the *brise-lumière* above the east door, the recess containing the effigy of the Holy Virgin, and the small apertures pierced into the choir wall. The other side is darkened by shadow, with walls enclosing the side chapels in the north and the blind wall in the west.

sidère l'une ou l'autre de ces parties de la chapelle, la «sensation architecturale» est totalement différente. Impression d'équilibre dans la composition du chœur, et de quasi-rupture d'équilibre au fond de la chapelle ; d'un côté, des verticales qui «cadrent» l'espace du chœur – celle du mur au nord et celle de la paroi où s'ouvre la porte secondaire dans l'angle sud-est – , des horizontales qui posent le regard – celles de la rampe de communion, des bancs – , des orthogonales qui rétablissent l'ordre géometrique – celle de la croix, celles de la pierre d'autel, ou de la chaire au nord – : autant de lignes où l'œil trouve l'assurance d'une stabilité et d'une harmonie ; de l'autre côté, des lignes courbes – celle de la masse ventrue du toit venant peser fortement sur l'espace, la ligne d'arase du mur ouest – , des obliques – celles du mur sud qui encadrent la porte principale – , lignes qui accusent l'impression de dynamisme, mais aussi de presque déséquilibre dans la composition spatiale, où le regard cherche un élément où se raccrocher.
D'une part, une zone de lumière, avec le rai lumineux qui court sous la toiture au sud et à l'est, les ouvertures à larges ébrasements du mur sud, les brise-lumière au-dessus de la porte à l'est, la trouée de la niche de la Vierge, les petits orifices percés tout autour, dans le mur du chœur ; de l'autre côté, une zone de pénombre avec les parois closes renfermant les chapelles secondaires au nord, et le mur aveugle à l'ouest.

Toute l'organisation de l'espace intérieur est conçue en fonction de l'autel, centre de l'événement sacré et centre de l'événement architectural : «C'est avec les autels que le centre de gravité sera marqué ainsi que la valeur, la hiérarchie des choses. Il y a en musique une clef, un diapason, un accord ; c'est l'autel, lieu sacré par excellence, qui donne cette note-là, qui doit

East-facing choir and south wall
Le chœur à l'est et le mur sud

The organisation of the interior space pivots around the altar – central focus of all that is sacred and central focus of all that is architectural: "The altar marks the centre of gravity and engenders a value, a hierarchy of things. In music there is a key, a range, a chord; here it is the altar – the most sacred of all places – that creates this note, and whose role it is to trigger the radiance of the oeuvre. This is facilitated by proportions. Proportion is an ineffable thing" (8) the architect later said of the altars for the monastery at La Tourette. In this building, the stone altar is situated directly beneath the highest point of the roof. All the lines of the edifice seem to open out towards this point and the space appears to spill out: the north and south walls part along either side of the choir, and the floor (which follows the natural slope of the hill) slants towards the east down to the altar. Light floods the whole area.

The interior elevation of the chapel is strongly characterised by its roof covering which, when viewed towards the west, seems to compress the space and bear down heavily onto the nave. However, somewhat paradoxically, towards the south and east sides the roof appears to hover – an effect produced by the strip of light that enters at this point. It is this bulging mass that lends the interior space its dynamic form, broken up at intervals by furnishings in order to create "pauses" in the composition.

Secondary Elements

The furnishings are as much "design pieces" as they are sacred components. Incorporated into the scheme at the very outset, they form an integral part of the whole. Their shapes complement those of the edifice, and at the same time mirror

déclencher le rayonnement de l'œuvre. Cela est préparé par les proportions. La proportion est chose ineffable» (8) constatera plus tard l'architecte à propos des autels à la Tourette. Ici, la pierre d'autel est située à l'endroit où la couverture est au plus haut. Toutes les lignes de l'édifice semblent s'ouvrir vers ce point et l'espace se dilate à cet endroit : les parois nord et sud s'écartent de part et d'autre du chœur ; le sol, suivant la pente naturelle de la colline, s'incline vers l'est et conduit vers l'autel. La lumière, enfin, vient animer ce dispositif spatial.

L'élévation intérieure de la chapelle est fortement caractérisée par la couverture qui semble comprimer l'espace et peser lourdement au-dessus de la nef, si on la considère vers l'ouest. Paradoxalement, cette couverture paraît en même temps flotter si on la considère au-dessus des côtés sud et est, grâce à ce mince intervalle de jour. C'est cette masse ventrue qui donne à l'espace intérieur son aspect dynamique, où les éléments de mobilier interviennent pour apporter des pauses dans la composition.

Les éléments secondaires

Les éléments du mobilier cultuel sont autant d'objets plastiques, déterminants dans l'organisation de l'ensemble ; ils sont d'ailleurs intégrés au projet dès ses prémisses, leurs formes sont complémentaires à celles de l'édifice et leur font écho. A l'intérieur de la chapelle, les éléments de mobilier jouent le même rôle qu'à l'extérieur : ce sont des objets qui, outre leur caractère fonctionnel, viennent équilibrer la composition (autel, chaire, confessionnaux, bénitiers), structurer l'espace (rampe de communion, bancs, croix, chandelier) ; d'autres viennent apporter des touches de couleur qui exal-

North facade, with views of the second
entrance door; west wall, with views of the
confessionals

La façade nord, avec la porte d'entrée secondaire et le mur ouest, avec les confessionnaux

them. Inside the chapel, the furnishings play the same role as they do outside: they are objects which, while serving a functional purpose, also inject a certain equilibrium into the plan (altar, pulpit, confessionals, fonts) and structure the space (communion ramp, benches, crosses, candelabra); other components bring splashes of colour to the work (door, tabernacle, windows), against which the whiteness of the lime stands out with even greater sharpness.

Inside the building, the role of these elements is to form, together with the deep cavities of the openings, an alternating rhythm of space and mass – a pattern that gives the interior its "hollow round-hump" aspect. In this way, the cubic pulpit in *béton brut*, the parallelepiped shape of the stone high altar, the balcony of the choir gallery, the vertical blocks of the fonts, and the orthogonal volume of the confessional (also in concrete), are perceived as static, solid elements that provide a contrast with the dynamic lines of the roof and the surfaces of the walls. Each of these elements adopts a stark, rigidly geometrical shape, and their orthogonal surfaces re-establish an order within a composition otherwise made up of curved and oblique lines. As with the exterior, they are employed to introduce the right-angle or vertical and horizontal lines. The benches in iroko wood trace horizontal lines along the nave, as does the cast-iron communion ramp, whose vocabulary of curved contours stems from the same language of plasticity: these elements impart a sensation of stability and, as in a score of music, form dark graphic notes that stand out sharply against the white stippled surfaces.

Within this edifice, whose equilibrium is stretched almost to a point of rupture, the architect paid great attention to the

tent la force du blanc de chaux (porte, tabernacle, vitrages).

Dans la composition intérieure, le rôle de ces éléments semble être de former, avec les profondes niches des ouvertures, une alternance de vides et de pleins qui donne à l'espace son caractère de «ronde-bosse en creux». Ainsi, le cube de la chaire, en béton brut, le parallélépipède du maître-autel en pierre, le balcon de la tribune des chantres, les blocs verticaux des bénitiers, le volume orthogonal du confessionnal, en béton également, sont autant d'éléments statiques et solides qui s'opposent au dynamisme des lignes de la couverture et des parois des murs. Ces éléments présentent chacun des formes géométriques rigoureuses et dépouillées et leurs parois orthogonales rétablissent l'équilibre dans une composition faite de courbes et d'obliques. Ici aussi, comme à l'extérieur, ils introduisent la verticale, l'horizontale ou l'angle droit. Les bancs, en bois d'iroko, ou la rampe de communion, en fonte, dont les profils courbés procèdent d'un même langage plastique, tracent des horizontales dans l'espace de la nef, apportant une stabilité et constituant des notes graphiques sombres qui contrastent sur les parois de crépi blanc.

Dans cette composition intérieure, dont l'équilibre va jusqu'au point limite de rupture, l'architecte joue des proportions avec minutie, désireux de créer un lieu qui symbolise à la fois la dynamique de la prière et le silence de la méditation : «n'atteint l'harmonie que ce qui est infiniment précis, juste et consonnant ; que ce qui ravit en fin de compte, à l'insu même de chacun, le fond de la sensibilité ; que ce qui aiguise le tranchant de l'émotion» (9) explique-t-il. Comme les dimensions de la chapelle, celles de chacun des éléments du mobilier liturgique sont cal-

Choir and choir gallery; north-eastern corner, with view of the sacristy

Le chœur, avec la tribune des chantres, et l'angle nord-est, avec la sacristie

play of proportions. This stemmed from his wish to create a place that would at once symbolise the dramatics of prayer and the silence of meditation; as he himself explained: "harmony can only be attained by that which is infinitely precise, exact and consonant; by that which delights the depths of sensation, without anybody's knowing; by that which sharpens the cutting edge of our emotions" (9). As with the chapel, the size of each liturgical piece of furniture was carefully calculated in line with the Modulor, a means of verification that proportionally aligns each element with the overall work. In the texts that he wrote on Ronchamp, Le Corbusier noted: "The lyricism and the poetic phenomenon are loosed by ... the clarity of the relations, everything being based on the faultless mathematics of the combinations" (10). Hence, each piece of furniture was designed in harmony with the chapel and participates in what the architect called the *jeu symphonique* (symphonic interplay) of architecture, also characterised by the occasional dash of colour.

The South Entrance Door

The main access to the chapel is through a revolving door whose two square sides in enamelled sheeting are covered with a brightly-coloured design. When the door rotates on its axis to a maximum angle of 90° it opens the sanctuary onto a vast perspective – out towards the surrounding hills. It creates a vestibule space and marks a transition between the profane and the sacred. The enamel-painted signs on the two surfaces of the door are inextricably linked with the symbolic nature of the chapel. As with the forms of the building, these simple signs evoke a dialogue with the landscape. They are images borrowed from the world of na-

culées selon le Modulor, moyen de vérification et d'établissement des proportions entre chaque élément et le tout. Dans les textes qu'il écrit pour Ronchamp, Le Corbusier note : «le lyrisme, le phénomène poétique sont déclenchés par l'intervention désintéressée, par l'éclat des rapports, toutes choses étant appuyées sur la mathématique impeccable des combinaisons» (10). Ainsi, chacun des éléments de mobilier s'harmonise à l'ensemble et participe à ce que l'architecte appelle le «jeu symphonique» de l'architecture, jeu où intervient de plus et ponctuellement, la couleur.

La porte d'entrée, au sud

L'accès principal de la chapelle se fait au sud par une porte pivotante dont les deux faces carrées en tôle émaillée, sont recouvertes d'une composition vivement colorée. Lorsque la porte pivote sur son axe en un angle maximum (de 90°), elle ouvre le sanctuaire sur une vaste perspective, vers les collines environnantes. Elle crée un espace-vestibule et marque une transition entre le monde profane et l'espace sacré. Les signes peints à l'émail, sur les deux parois de la porte, sont très étroitement liés à la symbolique de la chapelle. Ces signes simples évoquent, comme les formes de l'édifice, un dialogue avec le paysage. Ce sont des images empruntées au monde de la nature et au cosmos : méandres d'un fleuve, montagnes, nuages, étoiles... images qui se retrouvent, pour certaines, sur les vitrages ou sur le tabernacle. Sur le panneau extérieur, au centre de la composition sont représentées deux mains, l'une pour accueillir, l'autre pour donner. Au-dessus, une fenêtre, surmontée d'une nuée rouge, bleue et blanche ; de part et d'autre de ces éléments centraux, une pyramide et une étoile à cinq branches ;

ture and the cosmos: the meandering curves of a river, mountains, clouds, stars etc., some of which are taken up again in the windows or on the tabernacle. On the exterior panel, in the centre of the composition, are two hands: one extended in welcome, the other stretched out in offering. A window looks down from above, surmounted by a dense cloud in red, blue and white; on either side of these centrally positioned elements are a pyramid and a star with five branches; at the base of the composition is a meandering river – a white line that snakes its way along a black background. These different signs are linked to one another by a secret geometry, with several lines at the back forming the regulating line of the ensemble.

Two hands, joined in prayer and in offering, are also painted inside the chapel. The motifs are arranged in the same way as those outside (along a regulating line) and they draw on the same repertoire: clouds, sun and several mountains recalling the contours of an Indian landscape (part of these preparatory drawings were in fact sketched in Chandigarh, since Le Corbusier visited this place during the period he was working on Ronchamp). These signs, declensions of the architect's poetical vocabulary and language of plasticity, were hand-painted in enamel by Le Corbusier himself in the bright tones he loved to employ during the fifties: primary colours and their derivatives. These splashes of colour together with those motifs painted in enamel on the tabernacle serve to make the lime surfaces pulsate with their whiteness.

The Window Scheme

The openings that light the north side of the choir and those in the south part of

au bas de la composition, un méandre de fleuve, ligne blanche serpentant sur un fond noir. Ces divers signes sont reliés les uns aux autres par une secrète géométrie et quelques lignes, en fond, composent le tracé régulateur de l'ensemble.

A l'intérieur sont aussi peintes deux mains, jointes pour la prière et pour l'offrande. Les motifs sont organisés de la même manière, selon un tracé régulateur et ils sont empruntés au même répertoire que ceux de la face extérieure : nuages, soleil, quelques monts rappelant le profil d'un paysage indien (une partie des dessins préparatoires pour cette porte a en effet été réalisée à Chandigarh, où l'architecte se rend durant la même période). Ces signes, issus de son langage poétique et plastique, sont peints à l'émail par Le Corbusier lui-même, dans des couleurs vives empruntées à sa palette des années cinquante, basée sur les primaires et leurs complémentaires. Ce sont là les seules touches colorées – avec les quelques motifs, de même répertoire, peints sur le tabernacle en émail – qui viennent faire vibrer le blanc de chaux des murs.

Les vitrages

Dans les ouvertures éclairant le chœur du côté nord et dans celles du côté sud, situées au fond de larges ébrasements ou à fleur de paroi, Le Corbusier décide de placer des vitrages, verres blancs ou verres colorés, ou encore, verres peints de motifs simples où s'inscrivent parfois quelques mots de louanges à la Vierge. Ce choix d'utiliser des verres blancs et de ne répartir qu'en des points bien précis quelques touches de couleur, correspond à une volonté de contrôler le plus étroitement possible l'intensité de la lumière, primordiale dans la définition des volu-

the building are positioned at the depths of wide splays or are flush with the wall surface. Le Corbusier decided to place different types of glass in these openings: clear glass, coloured glass, and glass painted with simple motifs, some of which bear inscriptions of praise to the Holy Virgin. The architect's decision to use clear glass and to splash only a few precise places with touches of colour corresponds to his wish to keep a tight rein on the use of light – a primordial element in the definition of the interior volumes. The colours employed are the same as those for the door: blue, red, yellow, green and violet. On the windows of the south wall, the motifs painted by the artist were inspired by the surrounding landscape: birds, a butterfly, flowers, a leaf, or the sun, the stars, the moon and the clouds. The transparent windows open up views of the outside, hence creating a blurring of exterior elements (the clouds, the sky, the grass and the trees) with the motifs on the windows. The moon painted by Le Corbusier on one of the windows is the one he discovered and sketched in Chandigarh: "moon of the Orient, moon with a human face, verified three times in as many years". Here once more lies a secret link between two extreme points of the globe – the Jura hill and the Indian plain where the architect was also working at this time.

mes intérieurs. Les couleurs utilisées sont les mêmes que celles de la porte : bleu, rouge, jaune, vert, violet. Sur les vitrages de ce mur sud, les motifs peints par l'artiste sont inspirés du paysage environnant : oiseaux, papillon, fleurs, feuille, ou encore soleil, étoiles, lune, nuages. Les vitrages transparents laissent apercevoir l'extérieur et ainsi, les nuages, le ciel, l'herbe, les arbres viennent se mêler à ces motifs figurés sur les vitrages. La lune que Le Corbusier peint sur l'un des vitrages est celle trouvée et dessinée à Chandigarh, «lune d'Orient, lune à visage humain, vérifiée trois fois en trois ans» ; là encore correspondance secrète entre ces deux points extrêmes du globe, la colline jurassienne et la plaine indienne où l'architecte œuvre durant la même période.

South wall detail
Détail du mur sud

History and Genesis of
the Project

Histoire et genèse du projet

Background to the Commission

When the decision to build a new chapel in Ronchamp was taken on the morrow of the second world war, a powerful renaissance of religious art was taking place in France. The strength of this movement can be explained first and foremost by the vast reconstruction and urban planning programme undertaken at this time, which included the restoration of some four thousand churches together with the construction of new holy edifices for recently built-up areas. On another level, this reform was driven by the commitment of several clergymen, such as Couturier, Régamey, Cocagnac and Ledeur, who were also editors of religious art journals. These protagonists took up the defence of modern art during meetings held by the *Commission d'Art Sacré* (French counterpart of the Council for the Care of Churches in Britain), the forum for presenting and debating projects on religious art and architecture. These campaigners for modern concepts perceived the religious edifice as an exploratory field for architecture and design, and with this in mind turned to the best contemporary artists.

Hence the decision was taken against this backdrop and as part of the reconstruction programmes of the post-war period. The previous structure had been bombed in the autumn of 1944 by the German army when attacking French troops entrenched on the hill of Bourlémont. This building had itself been constructed on the foundations of a church dating from the nineteenth century, destroyed in 1913 by lightening.

Contexte de la commande

A l'époque où est décidée la construction d'une nouvelle chapelle à Ronchamp, au lendemain de la seconde guerre mondiale, un puissant courant de renouveau anime l'art sacré en France. La force de ce courant s'explique en premier lieu par la nécessité de répondre aux vastes programmes de reconstruction et d'urbanisation dans lesquels sont prévues la restauration de quelques quatre mille églises et la construction d'édifices religieux répondant aux besoins cultuels des nouvelles zones urbanisées. Par ailleurs, ce renouveau est activé par l'engagement de certains ecclésiastiques comme les pères Couturier, Régamey, Cocagnac et Ledeur qui animent des revues d'art sacré et prennent position en faveur de l'art moderne, au sein des commissions d'art sacré, devant lesquelles sont présentés les projets d'architecture et d'art religieux. Ces rénovateurs conçoivent l'édifice religieux comme un champ d'expériences architecturales et plastiques et entendent, de ce fait, faire appel aux meilleurs artistes contemporains.

La décision d'édifier une nouvelle chapelle à Ronchamp s'inscrit dans ce contexte et dans les programmes de reconstruction mis en place au lendemain de la seconde guerre mondiale. L'édifice précédent avait subi les bombardements de l'armée allemande attaquant les troupes françaises retranchées sur la colline de Bourlémont, à l'automne 1944. Cet édifice avait lui-même été édifié sur les ruines de l'église du XIXème siècle, détruite en 1913 par un incendie dû à la foudre.

The Commission

The reconstruction project for the chapel was commissioned by the Notre-Dame-du-Haut property development company, a body consisting of Ronchamp parishioners which had been especially set up for the rebuilding of the edifice. These commissioners initially envisaged restoring the former building, but in view of the cost of such an operation opted instead for complete reconstruction.

When consulted on which architect should be solicited for the task, Canon Ledeur, Secretary of the Besançon *Commission d'Art Sacré*, immediately put forward Le Corbusier's name. At first the architect refused the offer, still bitter over Saint-Baume where he had clashed with the ecclesiastical authorities who had rejected his underground basilica scheme. Finally however, at the insistence of the two representatives of the *Commission d'Art Sacré* (Canon Ledeur and François Mathey, then inspector of Historical Monuments and a native of the region), Le Corbusier agreed to listen to the proposals. The canon evoked the long tradition of pilgrimage linked with the site as well as the affection of the parishioners for the place, and he attempted to convince the architect that it was not a question of constructing for a "dead institution" as Le Corbusier had called it, but for a tradition that was well and truly alive. Ledeur pleaded his case with these words: "we do not have much to offer you, but we do have this: a wonderful setting and the possibility to go all the way. I do not know whether you are committed to building churches, but if you should build one then the conditions offered by Ronchamp are ideal. This is not a lost cause: you will be given free rein to create what you will" (1).

La commande

Le projet de reconstruction de la chapelle est commandité par la société immobilière de Notre-Dame-du-Haut, créée pour l'occasion et constituée par les paroissiens de Ronchamp. Le commanditaire envisage tout d'abord de restaurer l'ancien édifice, puis devant le coût de l'opération, décide la construction d'un nouveau bâtiment.

Consulté à propos du maître d'œuvre qu'il convient de solliciter, le chanoine Ledeur, secrétaire de la commission d'art sacré de Besançon, propose d'emblée le nom de Le Corbusier. Tout d'abord, celui-ci refuse, échaudé par l'aventure de la Sainte-Baume où il s'était heurté aux oppositions des autorités ecclésiastiques, peu favorables au projet de basilique souterraine qu'il proposait sur le site. Sur leur insistance, Le Corbusier accepte d'entendre les arguments des deux représentants de la commission d'art sacré qui sont en contact avec lui, le chanoine Ledeur et François Mathey, alors inspecteur des Monuments Historiques et originaire de la région. Le chanoine évoque la longue tradition de pèlerinage liée au site, l'attachement des paroissiens au lieu et tente de convaincre l'architecte qu'il s'agit de construire non pour une «institution morte» comme le pensait Le Corbusier, mais pour une tradition bien vivante. Ledeur plaide en ces termes : «nous n'avons pas grand'chose à vous offrir, mais nous pouvons vous offrir ceci : un magnifique paysage, et la possibilité d'aller jusqu'au bout. Je ne sais si vous devez faire des églises, mais si vous devez en faire une, les conditions sont ici requises, permettant de penser que la cause n'est pas perdue d'avance et que là sera favorisée une totale liberté de création» (1).

This assurance of real creative freedom naturally appealed to the architect, as did the programme: "a pilgrimage chapel? that interests me, it's just a question of taps!" (2), Le Corbusier exclaimed. By "problem of taps" he meant building a chapel designed to receive some two hundred worshippers and which would have to be transformed twice a year, on 15th August and 8th September (Feast Days in worship of the Blessed Virgin Mary) into a place where Mass could be celebrated before several thousands of pilgrims. Moreover, the architect had not forgotten his experience at Saint-Baume: as with the latter, the scheme for Ronchamp had to be conceived in accordance with its site, i.e. a place of pilgrimage, and constructed for a community.

The determining factor for the architect was undoubtedly his contact with the landscape when he first climbed the hill of Bourlémont and found himself looking out onto the "four horizons", horizons that he integrated into his earliest sketch plans for the chapel: "It was clear that he had been seduced by the site, by this contrast which in fact shows through in his architecture of the rolling slopes of the Vosges foothills and the far-reaching views over the Jura, over the Saône plain, as far as the Langres plateau. I had the impression that he had forged an immediate bond with the landscape", recounts Canon Ledeur, who accompanied Le Corbusier during the architect's first visit to the site (3).

The Generating Ideas

Le Corbusier first visited the hill on 4th June 1950. He lingered there for several hours, surveying the landscape at length and making a few drawings in one of his famous sketchbooks from which he was

Cette assurance d'une réelle liberté de création va certes convenir à l'architecte ; le programme le séduit également : «une chapelle de pèlerinage? cela m'intéresse, c'est un problème de robinets !» (2) déclare-t-il. «Problème de robinets» puisqu'il s'agit d'édifier une chapelle destinée à quelques deux cents fidèles et susceptible de se transformer deux fois par an, les jours de fête mariale (15 août et 8 septembre), en un lieu d'accueil permettant la célébration de l'office devant plusieurs milliers de pèlerins. Par ailleurs, l'architecte garde en mémoire l'expérience de la Sainte-Baume : à Ronchamp, comme à la Sainte-Baume, il s'agit de concevoir une architecture en fonction d'un site, d'aménager un lieu de pèlerinage, de bâtir pour une collectivité.

Ce qui détermine définitivement l'architecte est sans aucun doute le contact qu'il a avec le paysage lorsqu'il gravit, à pied, la colline de Bourlémont et se retrouve face aux «quatre horizons», horizons qu'il intègre d'emblée dans le premier croquis qu'il fait en esquissant le plan de la chapelle : «Il avait été visiblement conquis par le site, par ce contraste, exprimé d'ailleurs dans son architecture, entre le talus des Vosges et la grande ouverture sur le Jura, sur la plaine de Saône, jusqu'au plateau de Langres ; j'ai eu cette impression qu'il avait accroché immédiatement» rapporte le chanoine Ledeur qui l'accompagne lors de sa première visite des lieux (3).

La naissance du projet

Le Corbusier se rend pour la première fois sur la colline le 4 juin 1950. Il s'attarde plusieurs heures sur les lieux, contemple longuement le paysage, prend quelques croquis sur l'un de ses fameux carnets qui ne le quittent guère. Il s'en-

Sketches of the hill and old chapel, made on the Paris-Basle train (Sketchbook D17)

Croquis de la colline et de l'ancienne chapelle, pris depuis le train Paris-Bâle (Carnet D17)

rarely separated. He enquired about the programme and raised some financial issues. The programme was simple: other than the main nave, the building had to have three small chapels which would enable services to take place independently from the communal celebration of Mass; in addition to this an outdoor sanctuary designed for open-air ceremonies on pilgrimage days also had to be included. Since the chapel was to be dedicated to the Holy Virgin, it was stipulated that it should house a seventeenth-century sculpture in polychrome wood of the Virgin and Child which had been in the original building. The architect was also requested to incorporate a sacristy as well as a small office on the upper floor; and lastly it was pointed out to Le Corbusier how vital it was to be able to collect rainwater, since water was a rare source on the hill.

Early Outline Sketches

The architect himself would later define the building in these words: "Ronchamp? Contact with a site, situation in a place, eloquence of the place, a word addressed to the place" (4). The first sketches of the site were made on the train between Paris and Basle and are dated 20th May 1950. In several sketched strokes the mass of the hill is hastily drawn, along with the ruins of the former chapel, half-demolished, yet still visible from the plain. On the hill, even before beginning to outline the plan, the architect had traced the general contours of the surrounding countryside in his sketchbook: "On the hill, I had meticulously drawn the four horizons. These drawings are missing or lost; it was they which unlocked, architecturally, the echo – the visual echo in the realm of shape" (5). Thus, in line with the site and the

quiert du programme, évoque les questions financières. Le programme est simple : l'édifice doit comporter, outre la nef principale, trois petites chapelles permettant la célébration d'un office indépendamment de la messe collective et un chœur extérieur destiné aux cérémonies en plein-air, les jours de pèlerinage. La chapelle étant dédiée à la Vierge, on souhaite voir intégrer une sculpture du XVIIème s., en bois polychrome, figurant une Vierge à l'Enfant, et qui était dans l'ancien édifice. On demande à l'architecte d'inclure un élément de sacristie et un petit bureau à l'étage et on lui précise enfin combien il est précieux de pouvoir recueillir l'eau, qui est rare sur la colline.

Premiers croquis : le parti général

L'architecte lui-même définira plus tard le bâtiment en ces termes : «Ronchamp? contact avec un site, situation dans un lieu, éloquence du lieu, parole adressée au lieu» (4). Les premiers croquis du site sont pris depuis le train Paris-Bâle et datés du 20 mai 1950. En quelques lignes, la masse de la colline est griffonnée ainsi que les restes de l'ancienne chapelle en partie démolie, mais que l'on aperçoit encore depuis la plaine. Sur la colline, avant même l'esquisse du plan, il trace dans son carnet les lignes générales du paysage environnant : «... sur la colline, j'avais soigneusement dessiné les quatre horizons ; ces dessins sont égarés ou perdus ; ce sont eux qui déclenchèrent architecturalement la riposte acoustique – acoustique au domaine des formes» (5). Ainsi, en fonction du site et du programme «l'idée naît, vogue, divague, se cherche» (6).

Il esquisse ce qui sera sa «réponse aux horizons» et cette première réponse s'inscrit en quelques traits qui donnent le

programme "the concept was born, drifted, wandered, and searched for its identity" (6).

Le Corbusier sketched what was to be his "response to the horizons", an initial response contained in just a few sketched lines that gave rise to the plan. Canon Ledeur, present at the architect's side on the site, recalls: "I can remember so well his immediate reaction to the site: the first line he drew – this south wall (tracing a curved line).
Next he visualised the pilgrims in front of the wall, where he placed the altar whose curve echoes that of the south wall: this is the east wall; and then all he had to do was to join the two curves together!" (7). "Riposte", "immediate reaction to the site": these terms clearly evoke the moment of inspiration when the architect envisioned the plan for the building. Although, as Le Corbusier points out, this particular sketch has been lost, there does exist a sketch on tracing paper drawn at the architect's practice and dated 6th June 1950. This is a faithful transcription of the first concept (8): two curves open out – one towards the south and the other towards the east, i.e. towards sweeping landscapes. The space, demarcated by two convex forms, is closed off by two straight lines that meet in an obtuse angle: these north and west sides are inscribed into the plan in such a way that the drawing seems to turn its back to these directions so as to open out towards the south and the east. The interior and exterior altars already appear here as does the outline for an outdoor chapel. A large crescent is also sketched covering three sides; this marks the boundaries for a vast esplanade designed to receive the crowds of pilgrims.

On this first visit to the site, after the sketches made on the hill and on the plan. Le chanoine Ledeur, présent à ses côtés sur le site, témoigne : «je retrouve tout-à-coup sa réaction immédiate au site : le premier coup de crayon qu'il a dessiné, le mur sud qui fait ceci! (traçant d'un geste une ligne incurvée). Il faut ensuite regrouper les pèlerins devant le mur, où il place l'autel, dont la courbe répond à celle du mur sud : c'est le mur est ; ensuite, il n'y avait plus qu'à rejoindre les deux courbes!» (7). «Riposte», «réaction immédiate au site», ces termes expriment bien ce moment d'inspiration où l'architecte trouve le plan de l'édifice. Si ce croquis est égaré, comme le rappelle d'ailleurs Le Corbusier, il existe une esquisse sur papier calque, faite à l'agence et datée du 6 juin 1950, qui est une transcription fidèle de cette première idée (8) : deux lignes courbes s'ouvrent, l'une vers le sud, l'autre vers l'est, c'est-à-dire vers de vastes paysages ; l'espace délimité par les deux convexes ainsi formées est refermé par deux lignes droites qui se rejoignent en un angle obtus : ces côtés nord et ouest sont inscrits dans le plan de telle sorte que la figure semble tourner le dos à ces directions pour s'ouvrir vers le sud et vers l'est. Sont déjà esquissés les autels intérieur et extérieur avec la délimitation d'un chœur extérieur ; est aussi tracé un large croissant englobant trois côtés et déterminant une vaste esplanade destinée à accueillir la foule des pèlerins.

Lors de cette première visite sur les lieux, à la suite des croquis de la colline pris depuis le train, une page de carnet représente deux esquisses rapidement griffonnées (9) ; l'une figure une élévation de la façade est : quelques traits indiquent la masse incurvée du toit qui fait auvent au-dessus du chœur extérieur ; cette couverture s'appuie d'un côté sur une avancée du mur sud, de l'autre, sur une pile autour de laquelle s'enroule un

train, there come two doodles on a page in the architect's sketchbook (9). One of them represents an elevation of the east facade: several strokes indicate the curved mass of the roof which acts as a canopy over the outdoor chapel; this covering is supported on one side by the overhang of the south wall, and on the other by a pier around which winds a set of steps leading to a pulpit (although this idea of a spiral staircase was abandoned early on). The outdoor altar, choir gallery and a small opening are portrayed in schematic detail. The main feature that characterises this facade – dominated by a thick curved covering resembling a full sail that sags down onto the wall – is thus already depicted in this very first sketch.

On this same page also appears the principle of the calottes that crown the chapel towers and the lighting concept for these. Once again, in several sketched lines, the rounded shape of these calottes is given form, as are the pierced openings in the vertical surface of the tower. Le Corbusier himself describes how this concept was born: he drew inspiration directly from a form and principle noted many years before, during his formative years, on his famous *Voyage en Orient* in 1911 (10). The other sketches drawn afterwards for the calottes of the towers would merely serve to define how inflows of light should be directed, and how the base of the towers should be articulated in relation to the chapel roof.

During a second visit to the site on 9th June 1950, the architect sketched a series of drawings that form the main body of the scheme. Several successive pages in his sketchbook reveal how the initial concept gradually took shape. Some delineate the plan of the building, others illustrate the two main facades: the south facade, intended to receive pilgrims, and

escalier menant à une chaire (cette idée de l'escalier en colimaçon sera vite abandonnée). Sont notés très schématiquement l'autel extérieur, la tribune des chantres, et une petite ouverture. Le parti essentiel qui caractérise cette façade – dominée par une épaisse couverture incurvée, sorte de voile gonflée qui vient peser sur le mur – est ainsi déjà présent dès ce premier croquis.

Sur cette même page est déjà déterminé également le principe des calottes dominant les tours de la chapelle et du mode d'éclairage en résultant. Ici encore, en quelques traits, la forme arrondie de ces calottes est donnée, et le percement d'ouvertures dans la paroi verticale de la tour est indiqué. Le Corbusier nous renseigne lui-même sur l'origine de cette idée. Il s'inspire là directement d'une forme et d'un principe remarqués longtemps auparavant, durant les années de formation, à l'occasion de son voyage vers l'Orient en 1911 (10). Les autres croquis faits successivement pour les calottes des tours ne serviront plus qu'à préciser la forme des arrivées de lumière ou encore l'articulation de leur base avec la toiture de la chapelle.

Au cours d'une seconde visite sur le site, le 9 juin 1950, l'architecte esquisse sur son carnet une série de croquis qui contiennent l'essentiel du projet. Plusieurs pages successives donnent à voir l'évolution de l'idée première et montrent que la forme générale est adoptée. De l'une à l'autre, se précisent tant le plan de l'édifice que les deux façades principales : au sud, celle qui accueille les pèlerins, à l'est, celle qui les rassemble pour l'office à l'extérieur.

Ces premiers croquis montrent que, dès lors, l'élévation de la façade d'entrée au sud est déterminée et variera peu jus-

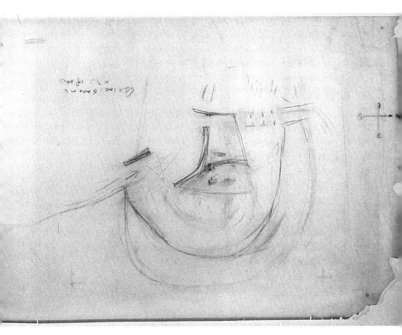

Outline of the plan (drawn up in the atelier): an adaptation of the first sketch (FLC 7470)

Esquisse du plan, faite à l'atelier, à partir du premier croquis (FLC 7470)

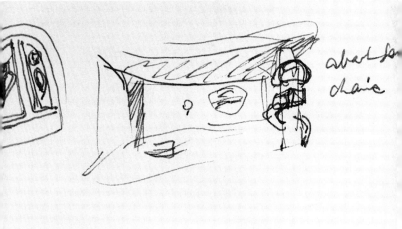

Elevation sketch of the outdoor chapel and tower calotte (Sketchbook D17)

Croquis de l'élévation du chœur extérieur et de la calotte d'une tour (Carnet D17)

the east facade, designed to gather worshippers together for outside celebrations of Mass.

These initial sketches reveal that even at this early stage the elevation of the south entrance facade had already been determined, and that its design would undergo very few changes before being accorded its definitive form. On either side of this facade several sketched strokes evoke the surrounding landscape. The elevation is formed by a curved wall, pierced with irregular openings scattered across its surface. It is higher towards the east and is crowned by a protuberant mass that creates a canopy. This covering is supported by a high cylindrical tower which rises over the entire building. The entrance, nestled between this tower and the wall, is defined as a small chink in the massing, and can only be made out by means of the movement of people as they come and go, or by the course of the access path (11).

The following three pages in the sketchbook display the architect's solutions for joining the south and east facades: the first consists of a sharp corner, and the second comprises extending the south wall towards the east by means of an overhang so as to form a high vertical line. The solution was worked out in the design of the plan and the facade: a resolution in two steps. Looking at the first of the two facades in perspective, we can see why the architect was not satisfied with the heavy aspect of the south-eastern corner, and why he sought a more felicitous solution, expressed in the vertical height of the second facade.

In the same way, the plan of the building takes shape over two consecutive sketches (12). In the first sketch, the architect included the three side chapels

qu'au stade définitif. De part et d'autre de cette façade, quelques lignes évoquent le paysage environnant. L'élévation est formée d'une paroi incurvée, percée d'ouvertures irrégulières, distribuées de manière éparse. Elle est plus élevée vers l'est et elle est dominée par une masse proéminente qui vient faire auvent. Cette couverture semble s'appuyer contre une haute tour cylindrique qui domine l'ensemble du bâtiment. Enfin, l'entrée, nichée entre le mur et cette tour, est indiquée par une fente dans la masse de cette bâtisse et elle est signalée soit par quelques silhouettes de personnages, soit par le tracé du chemin d'accès (11).

Les trois pages suivantes montrent comment l'architecte solutionne la rencontre des deux façades sud et est : tout d'abord par un angle aigu, puis en décidant de l'avancée de la seule paroi sud vers l'est pour former une haute verticale. Cette solution est recherchée en plan et en élévation et deux étapes donnent la résolution. En considérant par exemple la première des deux élévations, on peut imaginer que l'aspect massif produit en perspective par cet angle sud-est ne satisfait pas l'architecte et qu'il cherche une solution plus heureuse, exprimée dans la haute verticale de la seconde élévation.

De la même manière, en deux croquis successifs (12), le plan de l'édifice se précise. Dans le premier croquis, l'architecte a trouvé une solution pour inclure les trois chapelles secondaires prévues par le programme : la ligne ouest se recourbe à ses extrémités pour former deux boucles, l'une au sud, l'autre se repliant au nord ; elles englobent chacune un autel secondaire. De même, la façade nord vient s'enrouler pour former une troisième chapelle, adossée à celle déjà esquissée

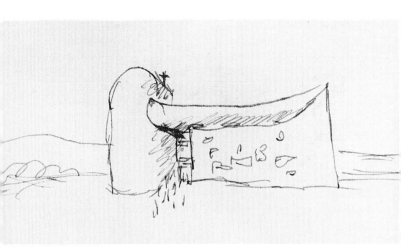

South elevation sketches with the entrance
(Sketchbook E18)

Croquis de l'élévation du côté sud, avec l'entrée (Carnet E18)

stipulated in the programme: the west line curls up at its ends to form two loops – one in the south, the other folded back towards the north. Each of these ends contains a side altar. Likewise, the north facade rolls up to form a third chapel that backs onto the one already sketched on the same side. Here the pencil wavers, takes up its course again and then doodles a few elements such as a second entrance between the two northern chapels. In the following sketch the idea adopts a more precise form, as does the drawing: the three small chapels are given their definitive orientation, and the three entrances are likewise accorded their final positions. The general form of the "bell-shaped" plan was not to change from this point on; even the principle of asymmetry which would be affirmed in the following stages is already introduced here in the guise of placing the benches along only one side of the chapel. And lastly, several strokes trace the openings of the south wall, the choir gallery in the east wall (interior and exterior), and an opening within which the statue of the Holy Virgin would be lodged. A curved line demarcates the outdoor chapel and the support pier for the roof is also marked. Precise linear strokes depict the main features of the plan and reveal that the general outline had already been decided upon.

In the elevation, drawn on the same page of the sketchbook, the volume of the edifice likewise closely resembles its definitive version: this is illustrated in the massing of both the main south-west tower and the south wall, with the south-eastern backbone to which the full sails of the roof cling. The whole scheme is thus contained within a few sketched lines.

du même côté. Le trait hésite, se reprend, vient encore griffonner quelques indications, comme une entrée secondaire entre les deux chapelles nord. Dans le croquis suivant, l'idée se précise, le trait aussi : les trois petites chapelles ont chacune leur orientation définitive, les trois entrées ont elles aussi trouvé leur place. La forme générale du plan «en cloche» ne variera plus ; même le principe de dissymétrie, qui sera affirmé dans les étapes suivantes, est déjà confirmé ici par l'indication de l'emplacement des bancs d'un seul côté de la chapelle. Enfin, quelques traits esquissent encore les ouvertures du mur sud ; et à l'est, dans le mur, sont tracés l'emplacement de la tribune des chantres, intérieure et extérieure, et celui d'une ouverture où sera nichée la statue de la Vierge. Une ligne courbe délimite le choeur extérieur et la pile de soutien de la couverture est indiquée. Un trait précis et linéaire donne l'essentiel de ce plan et montre que le parti général est décidé.

Dans l'élévation, esquissée sur la même page de carnet, la volumétrie de l'édifice est, elle aussi, proche de son aspect définitif : la masse du mur sud, avec l'arête sud-est à laquelle s'accroche la voilure gonflée du toit, enfin la masse de la grande tour sud-ouest. Tout le projet est ainsi contenu en quelques traits.

Un plan organique

Le plan est ici la retranscription graphique de la première impression et de l'idée première, en l'occurrence de ce dialogue avec un paysage, tel que l'explique l'architecte. Il s'agit de donner une «réponse», de «créer l'organe juste». La démarche conceptuelle ne procède pas ici d'une vision abstraite, mais répond à une sensation, à une expérience visuelle et sensible : traduire dans le plan le con-

South-east elevation and plan
(Sketchbook E18)
Croquis du plan et de l'élévation sud-est
(Carnet E18)

Plan sketch (Sketchbook E18)
Croquis du plan (Carnet E18)

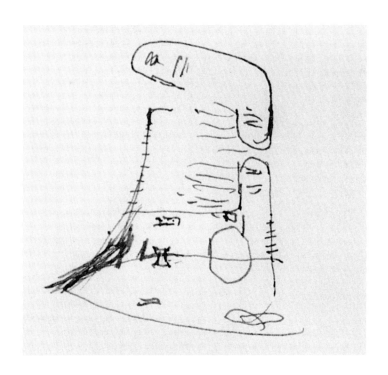

An Organic Plan

As Le Corbusier stated, the plan for the chapel was the product of a graphic transcription of the first impression, of the initial idea that came to the architect as he entered into his first "dialogue" with the landscape. It was a "response", a question of "creating the right organ". The conceptual process was not abstract, but rather responded to a sensation, to a visual and sensory experience, namely transcribing onto the plan the contact established with the site and the four horizons. Even the link between interior and exterior can be perceived in the lines that make up this plan. Similarly, all the programme requirements come together in a few strokes: "the plan is the hold man has over space", explained Le Corbusier. "One travels the length of the plan on foot, eyes fixed ahead: one experiences a series of perceptions, which implies time. It is a course of visual events, just as a symphony is a course of sonorous events; time, duration, sequential links and continuity are the constituent factors of architecture..." (13). In order to fully grasp such a plan, which is subject to movement and duration, one must enter the *jeu architectural*. All the more so in view of the programme: this architecture frames the movements of crowds on religious feast days, and receives visitors and worshippers on a daily basis. In this sense the plan is the product of an "organism", as Le Corbusier called it, of a living whole linked with activity; its shape, composed of curved and supple lines, is mirrored in the forms of the chapel walls.

The Preliminary Design

"Three stages in this venture:
1. integrate with the site;

tact avec le site, la relation avec les quatre horizons. Le lien entre le dedans et le dehors se lit dans les lignes tracées pour composer ce plan. De même, toutes les données du programme y sont synthétisées en quelques traits : «le plan est l'emprise de l'homme sur l'espace, explique Le Corbusier. On parcourt le plan à pied, les yeux regardent devant, la perception est successive, elle implique le temps. Elle est une suite d'événements visuels, comme une symphonie est une suite d'événements sonores ; le temps, la durée, la succession, la continuité sont les facteurs constituants de l'architecture...» (13). La compréhension d'un tel plan, soumise au déplacement et à la durée, demande que l'on entre dans le jeu architectural. D'autant que ce plan est conçu en fonction du programme d'une chapelle de pèlerinage ; cette architecture est le cadre de mouvements de foule lors des fêtes religieuses, elle est aussi le lieu qui accueille quotidiennement visiteurs et fidèles. En ce sens, le plan relève d'un «organisme» comme l'affirme Le Corbusier, d'un ensemble vivant, lié à l'action ; et sa forme, composée de lignes courbes et souples, trouve un écho dans celles des murs de la chapelle.

L'avant-projet

«Trois temps à cette aventure :
1. s'intégrer dans le site.
2. naissance spontanée, après incubation, de la totalité de l'ouvrage, en une fois, d'un coup.
3. la lente exécution des dessins, du dessein, des plans et de la construction même» (14).
A l'atelier, Le Corbusier affine le projet esquissé sur des pages de carnet : «Donnez-moi du fusain et du papier! ça commence par une réponse au site. Les murs épais, une coque de crabe à faire courbe

South-east elevation sketch (Sketchbook E18)   Croquis de l'élévation sud-est (Carnet E18)

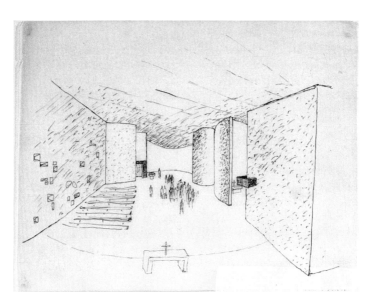

Interior elevation, seen from the choir in the east (First phase of the project. Drawing by Maisonnier.)

Elevation intérieure, depuis le chœur à l'est (1er état du projet. Dessin fait par Maisonnier.)

2. 'spontaneous' birth (after incubation) of the whole work, all at once, at a stroke; 3. the slow execution of the drawings, the design, the plans and the construction itself" (14).

In his atelier, Le Corbusier worked on detailing the plan that he had hastily outlined in his sketchbook: "Give me charcoal and some paper! the process begins with a response to the site. Thick walls and a crab's shell to give curves to a static plan. I'll provide the crab's shell; we will lay it on the foolishly but usefully thick walls; in the south we will let light penetrate. There won't be any windows: instead, streams of light will filter in from all sides" (15). The conceptual designs drawn in the atelier merely served to give a precision to the scheme outlined in the sketchbook.

Thus the plan, conceived as "a response to the site" is of irregular, asymmetrical shape, defying all laws of geometry. What form then could the roof adopt within such a plan? The architect had the idea of using the famous crab's shell that he had referred to when describing the sources of inspiration for the scheme: he had picked up this shell on Long Island beach during a stay in New York and had added it to his *objets à réaction poétique* – a formal repertoire that he drew on from the end of the Twenties for his design and pictorial research. Hence an organic shape was created so as to correspond to a similarly organic plan. In order to link the ground with this singular roof and lighten the visual effect of weight that such a scheme could produce, the architect decided to make the supporting structure appear as a buttress; this explains the massed effect of the sloping south wall. The treatment of the roof generates a difference in perception of the two sides of the building: the massing of the roof – a major feature

au plan si statique. J'apporte la coque de crabe ; on posera la coque sur les murs bêtement épais, mais utilement ; au sud, on fera entrer la lumière. Il n'y aura pas de fenêtre, la lumière entrera partout comme un ruissellement» (15). Les études faites à l'atelier ne font que mettre en place et préciser les détails du projet élaboré dans les croquis sur carnet.

Ainsi, le plan, conçu comme «une réponse au site», est un plan irrégulier, dissymétrique, échappant aux lois de la géométrie. Comment recouvrir des murs s'articulant sur un tel plan? L'architecte a l'idée d'utiliser cette fameuse coque de crabe dont il parle lorsqu'il évoque les sources d'inspiration du projet : une coque, ramassée sur la plage de Long Island, lors d'un séjour à New York, et qui fait partie de ses «objets à réaction poétique», sources d'un répertoire formel qu'il va exploiter, dès la fin des années vingt, dans sa recherche plastique et picturale. Ainsi, à un plan organique se rattache une forme toute aussi organique. Pour relier au sol cette couverture particulière et pour répondre à l'effet de pesanteur qu'elle peut produire visuellement, il imagine de donner au support l'apparence d'un contre-butement, d'où le caractère de massivité du mur sud, incliné. La toiture différencie les côtés deux à deux : la masse du toit, déterminante dans la composition des façades sud et est, n'est pas visible des côtes nord et ouest ; cette particularité établit d'emblée un contraste majeur dans la forme générale de la chapelle.

Les dessins d'élévations, plans, coupes ainsi qu'une maquette en plâtre, réalisés à l'atelier de la rue de Sèvres par les collaborateurs de Le Corbusier, notamment Maisonnier, sont présentés en novembre 1950 à l'archevêque de Besançon venu prendre connaissance du projet. Cet

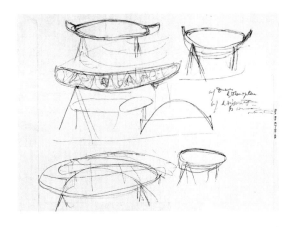

Design sketch for the roof,
inspired by the crab's shell (FLC 32129)

Croquis d'étude de la forme
du toit, à partir de celle de
la coque de crabe (FLC 32129)

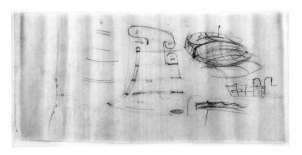

Sketch showing how the shell
of the roof fits into the plan
(FLC 7293)

Croquis montrant le raccorde-
ment de la coque du toit sur
le plan (FLC 7293)

Study sketch for the south-eastern
corner and east contours of the
roof (definitive phase of the scheme)
(Sketchbook H32)

Croquis de recherche pour
l'angle sud-est et le profil de
la toiture à l'est (phase définitive du projet) (Carnet H32)

when viewing the east and south facades, is not visible from the north and west sides; this singularity immediately makes for a crucial contrast in the general shape of the chapel.

The drawings of the elevations, plans and sections, along with a plaster model, were produced in the atelier at rue de Sèvres by Le Corbusier's co-workers (Maisonnier in particular). In November 1950 these were presented to the Archbishop of Besançon who had come to see what the scheme resembled. This preliminary design was then put before the *Commission d'Art Sacré* at the end of January 1951. The drawings and plaster model – termed by the Commission as "exotic"– reveal the south wall surface as pierced with scattered, fanciful openings, "strewn like a handful of sand". This was renounced in favour of a somewhat stricter design. Moreover, on the east side the roof covering was laid on an oval-section pier; this "tent peg" solution did not satisfy the architect, and thus in the definitive scheme he embellished this indispensable structural pier by encasing it in a wide-section sheath that enhances the plasticity of the facade. A wide crescent-shaped concrete esplanade was also inserted on the east side in order to mark the boundaries of the outdoor chapel and at the same time accommodate the worshippers by creating a kind of amphitheatre with the altar as its centre. For financial reasons and in order to maintain direct contact with nature, this concept never saw the light of day. Instead, a "natural" esplanade was created, by drawing on the contours of the land: a stone pyramid in the northeast (built out of the stones recovered from the ruins of the old chapel), and the pilgrims' shelter in the south-east mark the outer points of this esplanade. The architect wanted to erect a church tower

avant-projet est ensuite soumis à la commission d'art sacré, fin janvier 1951. Les dessins et la maquette en plâtre – que la commission ne manque pas de qualifier «d'exotique» – montrent que la paroi du mur sud est percée d'ouvertures éparses et fantaisistes, «jetées comme une poignée de sable». Une composition plus rigoureuse s'ensuivra. Par ailleurs, sur le côté est, la couverture du toit repose sur un pilier de section ovale. Cet aspect «piquet de tente» ne satisfaisant pas l'architecte, dans le projet définitif, il tirera parti de cette pile de soutien indispensable en l'entourant d'une gaine de large section qui accentue le jeu plastique de la façade. De ce même côté, une large esplanade de béton en forme de croissant est prévue pour délimiter le lieu du culte extérieur et recevoir les fidèles en créant une sorte d'amphithéâtre centré sur l'autel. Pour des raisons financières et pour conserver un contact direct avec la nature, cette dalle ne sera pas exécutée. Une esplanade naturelle sera imaginée, en exploitant le relief du terrain : au nord-est, une pyramide de pierres – réalisée avec les pierres de récupération de l'ancien bâtiment – et au sud-est, l'abri des pèlerins en soulignent les extrémités. L'implantation d'un clocher est envisagée sur le côté nord, dans l'axe de la porte secondaire ; constitué d'une armature métallique de forme parallélépipédique, il devait servir de support aux cloches récupérées de l'ancienne chapelle, mais ne sera pas exécuté, faute de moyens. En définitive, les trois cloches seront suspendues à un portique, composé de quatre minces piliers métalliques reliés par une entretoise, situé à l'ouest et réalisé par Jean Prouvé. Le mur ouest présente une paroi complètement nue et l'architecte imagine, dans la version définitive, une manière ingénieuse de l'animer.

on the north side, aligned axially with the second entrance door. Composed of a parallelepiped-shaped metal reinforcement, it would have acted as a support for the bells recovered from the original building; due to lack of funds however, the tower was never built. In the final scheme, realized by Jean Prouvé, the three bells were hung from a low support in the west, made up of four slender metal posts joined together by a cross bar. As regards the bare surface of the west wall, Le Corbusier devised an ingenious way of embellishing this in the definitive version.

An analysis of the ensemble of preliminary designs reveals that from one series to another there are differences concerning some of the "one-off" elements of the edifice (south wall openings, structural pier for the roof in the east, north facade elevation etc.); consequently, two phases in the design process can be distinguished. The first was from May 1950 to January 1951, the period between Le Corbusier's first visit to the site and the presentation of the scheme to the Besançon *Commission d'Art Sacré*. The second lasted from January 1951 to September 1953, when construction began. During this second phase, the design scheme underwent several modifications before being accorded its definitive form.

The Definitive Design

The second series of sketchbook drawings dated February 1951 was to serve as a basis for the final forms of the north and west sides, the interior perspectives, the construction details and the formal details such as the profile of the gargoyle in the west wall.
The building therefore attained its definitive shape through designs made after

L'analyse de l'ensemble des études préparatoires permet de constater, d'une série à l'autre, des différences concernant certains éléments ponctuels de l'édifice (ouvertures du mur sud, pile de soutien du toit à l'est, élévation de la façade nord) et, en conséquence, de distinguer deux étapes dans l'élaboration du projet : la première, de mai 1950 à janvier 1951, période écoulée entre la première visite de Le Corbusier sur le site et la soumission du projet à la commission d'art sacré de Besançon ; la seconde phase est comprise entre ce mois de janvier 1951 et le mois de septembre 1953, date du début de la construction. Durant cette seconde étape, le projet subit quelques modifications et trouve sa forme définitive.

Le projet définitif

La seconde série de croquis sur carnet, réalisée en février 1951, va servir à adopter les formes définitives des côtés nord et ouest, à caractériser les perspectives intérieures, à préciser des données constructives, ou encore à affiner des détails formels comme le profil de la gargouille à l'ouest.

Le bâtiment trouve ainsi sa forme aboutie à partir des études faites après la présentation de l'avant-projet à la commission d'art sacré. L'analyse des croquis sur carnet et des dessins et plans d'atelier réalisés après le mois de janvier 1951 met en évidence les modifications intervenues. Celles-ci sont faites en fonction des remarques émises par les commanditaires et des réflexions de l'architecte pour concrétiser et achever l'élaboration première. Elles n'altèrent pas la conception d'ensemble de l'édifice.

the presentation of the preliminary scheme to the *Commission d'Art Sacré*. Close study of the sketchbook drawings and the atelier designs and plans drawn up after January 1951 points up these modifications, carried out in line with comments made by the project's commissioners, as well as the architect's own rethinking of certain design concepts. These alterations did not however affect the overall design of the edifice.

In the definitive version, the structure of the plan does not really vary in the strict sense of the term: the only new element indicated on these sketches is the sheathed pier in the east whose shape mirrors that of the towers. A drawing in the sketchbook shows the final plan (16): south walls and east concave curves; the west wall folding back to house a side chapel in the south-west and another in the north; the north wall as it follows the same loop (although this time in the opposite direction) to accommodate the third side chapel; the positioning of the three doors; the overhang within which the south door is set; and lastly the two chinks where the secondary doors open – one in the east and the other between the two towers in the north.

The construction principle of the south wall had been decided on by this point: a section illustrates a hollow structure, the principle of openings set in the depths of splays, and the system for attaching the roof to the pier by means of a hinge; the separation joints for freeing the towers from the walls are likewise indicated. Lastly, along the south wall lies a void between the roof and the main tower; this space is smaller than the void above the door so as to prevent an effect of rupture and imbalance among the massed sections (17).

La structure du plan ne varie pas à proprement parler : seul est indiqué sur ces croquis l'emplacement de la gaine du pilier à l'est et sa forme qui adopte le même plan que celui des tours. Une esquisse sur carnet trace le plan définitif (16) : murs sud et est concaves, mur ouest se repliant pour contenir une chapelle secondaire au sud-ouest et une seconde au nord ; mur nord traçant la même boucle, de direction inverse et contenant la troisième chapelle secondaire ; emplacement des trois portes : le pan où s'ouvre la porte sud, les deux fentes où s'ouvrent les portes secondaires, l'une à l'est, l'autre entre les deux tours au nord.

Le principe de construction du mur sud est déterminé : une coupe montre une structure creuse, le principe des ouvertures au fond des ébrasements, ainsi que le système d'accroche du toit sur le pilier par une rotule ; sont aussi marqués les joints de désolidarisation des tours d'avec les murs. Par ailleurs, sur la façade sud, un vide est laissé entre la toiture et la grande tour, vide moins large que celui au-dessus de la porte afin d'éviter l'effet de rupture et de déséquilibre entre les masses (17).

Dans cette version définitive certaines lignes générales de l'édifice, si elles conservent l'idée première, sont revues avec un souci de tension et de rigueur plus fortes. Ainsi, l'arase du mur ouest qui, dans l'avant-projet est une oblique inclinée du sud vers le nord, se transforme en une courbe convexe ; son point le plus bas correspond à la hauteur minimum de la couverture, 4 m 52, et le toit s'articule à l'édifice selon cette courbure : «Modulor : réduit à 4 m 52 = 2 x 2 m 26. Le défi ; je défie le visiteur de découvrir cela lui-même. Si ce n'avait pas été tendu comme les cordes de l'arc, le jeu des pro-

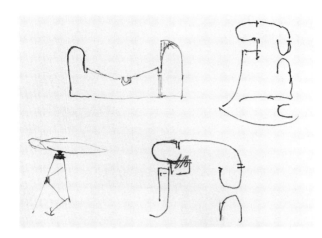

Sketch plan, west exterior elevation and
structural principle for the south wall
(Sketchbook E18)

Croquis du plan, de l'élévation extérieure
ouest et du principe de structure du
mur sud (Carnet E18)

West and east interior elevations; south and
north exterior elevations
(Sketchbook E18)

Croquis de l'élévation intérieure du
côté ouest, du côté est, et de l'élévation
extérieure du côté sud et du côté nord
(Carnet E18)

Sketch of the west side with
gargoyle and principle for the
separation joints (Sketchbook
E18)

Croquis du côté ouest avec la gargouille et du principe des joints
de désolidarisation à l'ouest
(Carnet E18)

In this final version some of the general outlines of the edifice, while maintaining the original concept, have been re-thought in order to create greater tension and rigidity. In this way, the last levelling course of the west wall which in the preliminary scheme is an oblique line sloping from south to north, becomes a convex curve; its lowest point corresponds to the lowest height of the roof – 4 m 52, and the roof is articulated with the building in line with this curve: "Modulor: reduced to 4 m 52 = 2 x 2 m 26. The challenge; I challenge the visitor to discover that himself. If it had not been stretched like a bowstring then the game of proportions could not have been played!" (18). This curve confirms the architect's intent to heighten the effect of weight for the roof mass in relation to the interior space. The lines of the building are hence tightly stretched, just like "a bowstring", and the general dimensions are reduced in order to create a striking play of volumes and a denser interior space.

This space is defined by features which inspire a sense of protection, meditation and prayer. In this second series of sketches the openings, originally only small apertures scattered across the south wall, become wide cavities with deep splays whose gradients are calculated in line with both the angle at which light is admitted and with the play of perspective. Several small interior perspective sketches on the same page show the space open towards the altar, compressed to the west by the roof and the deep splays of the openings in the south wall (19).

Along the north facade the openings remain little changed, since a request had been made during the design process to incorporate a small room into the second

portions n'eût pas été joué!» (18). Cette ligne incurvée confirme l'intention d'amplifier l'effet de pesanteur de la masse de la toiture sur l'espace intérieur. Les lignes de l'édifice sont ainsi tendues à l'excès, comme «les cordes de l'arc» ; les dimensions générales sont réduites pour créer un jeu de volumes plus puissant et un espace intérieur plus dense.

Cet espace trouve alors son caractère de lieu inspirant la protection, le recueillement et la prière. Les ouvertures, qui n'étaient primitivement que de petits orifices disséminés sur la paroi sud, se transforment dans cette seconde série de croquis, en de larges alvéoles à ébrasements profonds, dont les inclinaisons sont calculées en fonction de l'arrivée de la lumière et des jeux de perspective. Plusieurs petits croquis de perspective intérieure esquissent sur la même page l'espace ouvert vers l'autel, l'espace comprimé par la couverture à l'ouest, et les profonds ébrasements des ouvertures du mur sud (19).

Sur la façade nord, les ouvertures sont quelque peu transformées car une demande formulée en cours de projet requérait de loger une petite salle supplémentaire au second étage au-dessus de la sacristie ; l'architecte supprime alors la loggia qui s'ouvrait à cet endroit sous le toit pour la remplacer par une baie vitrée destinée à éclairer cette salle (20). Un escalier extérieur à deux niveaux accède à ces pièces de fonction.

Dans cette série de croquis, l'architecte met au point également la forme de la gargouille, à l'ouest, par où s'écoulent les eaux de la toiture (21). Il imagine pour cet élément un profil en «saut de ski» et une coupe en «canon de fusil» dont l'idée provient d'un projet de barrage qu'il a dessiné quelques années

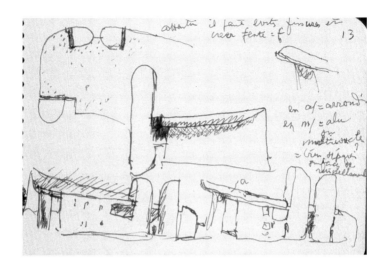

South and north exterior elevations (sketch); plan showing design principle for the separation joints (Sketchbook E18)

Croquis de l'élévation extérieure au sud et au nord et plan avec le principe des joints de désolidarisation (Carnet E18)

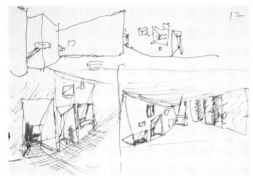

Interior elevation sketch towards the east-facing choir, towards the west, and from the south wall with splays (Sketchbook E18)

Croquis de l'élévation intérieure vers le choeur à l'est, vers l'ouest et du mur sud, avec les ébrasements des ouvertures (Carnet E18)

Roof sketch (section) with gargoyle (Sketchbook E18)

Croquis de la coupe de la toiture et du toit avec la gargouille (Carnet E18)

floor above the sacristy. The architect therefore took out the loggia that he had intended should open onto this place underneath the roof and replaced it with a large opening that would light the room (20). An exterior two-level staircase was inserted to provide access to these functional areas.

In this series of sketches, the architect also fine-tuned the shape of the gargoyle in the west wall, from which would gush forth the rainwater collected on the roof (21). The sketches depict this element with a "ski-jump" profile and a "gun barrel" cut, the generating idea for which sprang from a dam scheme that the architect had designed several years previously (22). However, during the construction phase, while the shape of the cut was maintained, the profile adopted a simple rectilinear form in order to produce a sharper contrast with the curved walls.

New full-scale working drawings were developed from these sketches, as was a 1/100th model in wire and paper that displays the general lines of the building and the frame of the roof. The construction drawings (23) were executed in spring 1953 and actual construction began in September of the same year.

The definitive plan merely confirms the form adopted in the sketchbook drawings: an asymmetrical shape that breaks radically with traditional religious architecture. This plan also sets in place all functional elements, liturgical furnishings (altars, benches and fonts) and service spaces (such as the square sacristy in the north, adjacent to the side chapel). Furthermore, it details certain solutions which would heighten the effect of plasticity and spatial relationships. An example is the recess hollowed out in the

auparavant (22). Au moment de la réalisation, si la forme de la coupe est conservée, le profil adopté sera simplement rectiligne, pour contraster plus fortement avec les lignes courbes de la paroi.

A partir de ces croquis sont réalisées de nouvelles épures, ainsi qu'une maquette au 1/100ème, en fil de fer et papier, qui donne les lignes générales de l'édifice avec l'ossature du toit. Les plans d'exécution (23) sont réalisés au cours du printemps 1953 et la construction commence au mois de septembre de la même année.

Le plan définitif ne fait que confirmer le parti adopté dans les croquis sur carnet, un parti de dissymétrie, en contradiction radicale avec le plan traditionnel d'architecture religieuse. Ce plan positionne aussi tous les éléments fonctionnels, le mobilier liturgique (autels, bancs, bénitiers), les espaces de service (comme la pièce carrée de la sacristie, au nord, adjacente à la chapelle secondaire) ; il précise encore certains choix qui accentueront la plasticité des formes et la richesse spatiale : la niche creusée dans la paroi ouest pour abriter un confessionnal et qui formera un renflement à l'extérieur, ou la largeur de la base du mur sud, vers l'entrée, renforçant son caractère de muraille épaisse. Si le plan de la chapelle accuse un net parti de dissymétrie, l'ordre cher aux principes corbuséens n'en est toutefois pas absent : «sans plan, il y a désordre arbitraire» affirme-t-il. La composition du plan est rigoureusement équilibrée et chaque ligne trouve sa réponse ; aux deux concaves est et sud répondent les deux convexes ouest et nord, sans toutefois leur être parallèles ; aux lignes ouvertes font écho des lignes fermées ; l'unique rangée de bancs au sud, oblique par rapport à l'axe longitudinal de la nef, est toutefois parallèle à la

Plaster model
Maquette en plâtre

west wall designed to house a confessional; the shape of this niche forms a slight bulge on the outside and creates the width of the base of the south wall towards the entrance, thereby accentuating the latter's similarity to a stalwart fortification wall. Nonetheless, while the plan is imbued with asymmetry, the order inherent in Corbusian principles is by no means lacking; as the architect himself declared: "without a plan there is arbitrary disorder". The plan is strictly balanced and each line is reflected in another: the two east and south concave curves dialogue with the two west and north convex curves yet do not run parallel with them; similarly, closed lines debate with open ones; the only row of benches in the south, while placed at an oblique angle in relation to the longitudinal axis of the nave, runs parallel to the interior surface of the south wall; the curved surfaces of the side chapels envelop the orthogonal surfaces of the altars. This dialogue between lines present in the plan is visually communicated through the forms and volumes of the chapel and is graphically interpreted through the sections and axonometry: "architecture is dependent on the plan and the section. The entire *jeu* is inscribed in these two material means – one horizontal, the other vertical – and it is through these that volume and space can be expressed" (24).

Le Corbusier decided to publish these study sketches that underwent such a singular design process, and he explains why: "It may be interesting to publish the birth sketches of an architectural work. When a job is handed to me I tuck it away in my memory, not allowing myself to make any sketches for months on end. That's the way the human head is made: it has a certain independence. It's a box into which you can toss the ele-

paroi intérieure du mur sud. Les parois courbes des chapelles secondaires englobent les parois orthogonales des autels. Ce dialogue entre les lignes, présent dans le plan, se retrouve dans les formes et les volumes de la chapelle et est traduit graphiquement par les coupes et l'axonométrie : «l'architecture dépend du plan et de la coupe. Le jeu entier est inscrit dans ces deux moyens matériels : l'un horizontal, l'autre vertical, d'exprimer le volume et l'espace» (24).

Le Corbusier choisit de publier ces croquis de recherche, exemplaires d'une démarche créative et il s'en explique :«Publier les croquis de naissance d'une œuvre architecturale peut être intéressant. Lorsqu'une tâche m'est confiée, j'ai pour habitude de la mettre au-dedans de ma mémoire, c'est-à-dire de ne me permettre aucun croquis pendant des mois. La tête humaine est ainsi faite qu'elle possède une certaine indépendance : c'est une boîte dans laquelle on peut verser en vrac les éléments d'un problème. On laisse alors flotter, mijoter, fermenter. Puis un jour, une initiative spontanée de l'être intérieur, le déclic se produit ; on prend un crayon, un fusain, des crayons de couleur (la couleur est la clef de la démarche) et on accouche sur le papier : l'idée sort...» (25).

Parallèlement au travail graphique illustré ici par les croquis de la genèse de l'œuvre s'opère un processus de recherches, recherches de sources documentaires, d'éléments d'inspiration, de références et de solutions, méthode qui vient, tout au long de la phase de maturation, alimenter le projet.

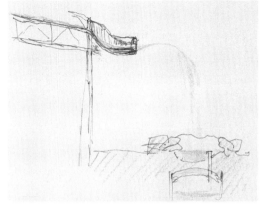

Gargoyle (sketch):
profile view
(Sketchbook E18)

Croquis de la gargouille,
en profil (Carnet E18)

Gargoyle (sketch):
facing view
(Sketchbook E18)

Croquis de la gargouille,
de face (Carnet E18)

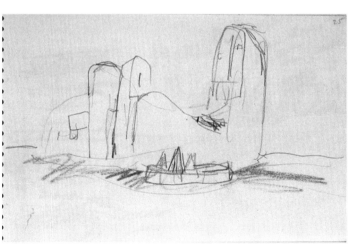

West elevation sketch, with gargoyle
(Sketchbook J35)

Croquis de l'élévation à l'ouest, avec la gargouille (Carnet J35)

Outline sketch plan of the building with the esplanade to the east and the pyramid (Sketchbook K41)

Croquis général du plan de l'édifice, avec l'esplanade à l'est et la pyramide (Carnet K41)

Final version of the outdoor chapel (ink drawing) (FLC 7518)

Etat final du chœur extérieur (dessin à l'encre) (FLC 7518)

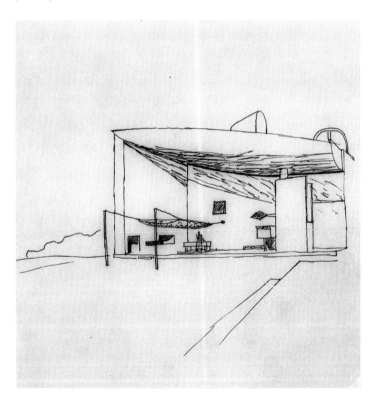

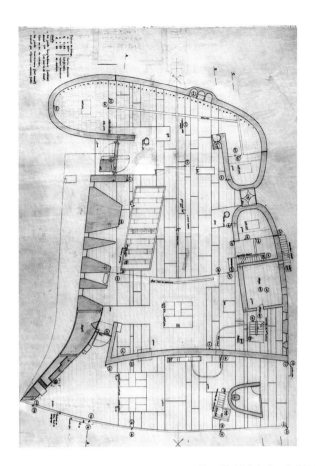

Definitive plan of the chapel (FLC 7169)

Plan définitif de la chapelle (FLC 7169)

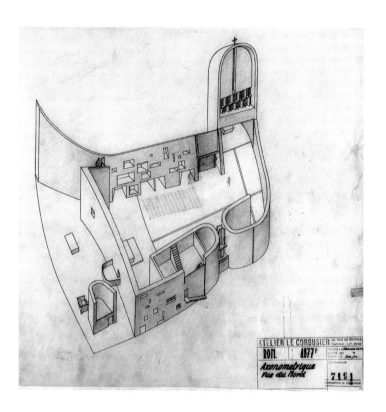

Axonometric view of the chapel, seen from the north (FLC 7191)

Vue axonométrique de la chapelle, depuis le nord (FLC 7191)

ments of a problem any which way, and then leave it to 'float', to 'simmer', to 'ferment'. Then one fine day there comes a spontaneous movement from within, the catch is sprung; you take a pencil, a drawing charcoal, some color pencils (color is the key to the process) and you give it birth on the sheet of paper. The idea comes out...it is born" (25).

At the same time as the graphic work being carried out in the sketches for the genesis of the chapel, an exploratory search for documentary sources, inspirational elements, references and solutions was also being undertaken. This method served to enrich the scheme throughout its maturation process.

The Design Process

Le Corbusier referred to the design process as the "spontaneous birth" of a work, adding "after an incubation period"...For the architect this incubation period was an essential phase of the design process, and a constant given of his architectural approach. During this gestation period, at the beginning of a project, the initial idea feeds on various elements before taking shape synthetically through sketched lines. Thus the drawing is perceived as "cosa mentale" in the real sense – a faithful translation of a mental picture, since for Le Corbusier the overall conception was always defined at the beginning. Like a piece of writing, the drawing serves to formulate the idea; it is the immediate transcription of a concept that has already been formulated and shaped: "...not to draw but to see first of all the project in one's mind; the drawing is useful only in contributing to the synthesis of ideas already thought out" (26). In this way the above-mentioned sketches

La démarche créatrice

Evoquant le processus de création du projet, Le Corbusier parle de «naissance spontanée» de l'ouvrage, ajoutant «après incubation»... Cette incubation est une phase essentielle de la démarche créatrice et elle apparaît comme l'une des constantes de la méthode de travail de l'architecte. A la source de l'élaboration du projet, pendant cette phase de gestation, l'idée première se nourrit d'apports divers pour se formuler de manière synthétique par le trait. Le dessin apparaît alors proprement comme «cosa mentale», traduction fidèle d'une image mentale car le parti général est, chez Le Corbusier, toujours défini en premier lieu, de manière globale. Le dessin sert à formuler l'idée, telle une écriture ; il est la mise en forme immédiate de l'idée déjà élaborée et adoptée :«... ne pas dessiner mais voir d'abord le projet ; dans son cerveau ; le dessin n'est utile que pour aider à la synthèse des idées pensées» (26). Les croquis sur carnet, préparatoires au projet et présentés plus haut, sont éloquents de cette fonction du dessin comme annotation de l'idée, retranscription qui s'opère en un trait linéaire et précis, décrivant l'essentiel de la forme.

Ces croquis sur carnet sont également représentatifs du rôle du dessin comme «mémoire» pour l'architecte. Ainsi, la phase «d'incubation» dont il parle, propre à toute démarche projectuelle, est une étape d'exploration de données complémentaires les plus variées (programmatiques, documentaires, référentielles...). Cette phase prend certes en compte une dimension empirique et subjective : interviennent alors des réminiscences provenant par exemple des voyages de l'architecte, des références recueillies pendant les années de forma-

clearly reveal the function of the drawing as an annotation of the concept, a transcription of the idea, expressed through a precise linear form that defines the core shape.

These sketchbook drawings also symbolise the role of the drawing as "memory" for the architect. Hence the "incubation" phase referred to by Le Corbusier and necessary for any design process, is an exploratory stage given over to the research of a wide range of data (programmatic, documentary, referential etc.). Naturally this phase includes an empirical and subjective dimension; hence among other things the architect here drew on his travel memorabilia, information gathered during his formative years, elements from previous projects, and personal reminiscences.

Le Corbusier himself refers to some of these sources which nourished the creation of the work. One such example is the shape of the towers and their lighting systems: the inspiration for these concepts sprang from memories stored by the architect during his early travels. In October 1911, he had visited the Villa Adriana in Tivoli, and had made several sketches of the lighting principle in the apse of the serapeum built into the rock; the recess of the apse is lit by a chimney that emerges from the rock to ensnare the light, like a kind of periscope. The architect was struck by what he termed a "mystery hole"; he thus tucked this lighting principle away in his "memory" and retrieved it several decades later (in 1948) with the aim of integrating it into his underground basilica scheme for Sainte-Baume. When he jotted his first ideas down on paper for the chapel at Ronchamp, he envisaged using this same concept and decided to fashion the calottes of the towers into this "peri-

tion, des éléments de projets antérieurs, des souvenirs personnels…

Le Corbusier fait lui-même allusion à certaines de ces sources qui ont alimenté la création de l'ouvrage. Ainsi, l'origine de la forme donnée aux tours, de même que leur principe d'éclairage, est à rechercher dans les souvenirs de voyages effectués pendant sa jeunesse. En octobre 1911, il visite la villa Adriana à Tivoli et relève, en quelques croquis, le principe d'arrivée de la lumière dans l'abside du Serapeum bâti dans le rocher ; la niche de l'abside est éclairée par une cheminée qui émerge pour capter la lumière, telle une sorte de périscope ; l'architecte est frappé par ce qu'il nomme un «trou de mystère» ; il retient ce principe d'éclairage indirect et envisage de l'utiliser, quelques décennies plus tard, dans le projet de basilique souterraine de la Sainte-Baume, en 1948. Lorsqu'il jette sur le papier les premières idées pour la chapelle de Ronchamp, il songe à exploiter à nouveau cette idée et décide de donner cette forme en «périscope» aux calottes des tours. Une note et un croquis mentionnent d'ailleurs cette source : «de la lumière! en 1911(?), j'avais repéré un truc comme ça creusé dans une grotte romaine à Tivoli». S'il se souvient presqu'immédiatement de Tivoli – et les tous premiers croquis sur carnet le montrent –, ça n'est pas seulement parce qu'il a visité le site, mais bien parce qu'il a dessiné ce qu'il voulait en retenir : «on dessine afin de pousser à l'intérieur, dans sa propre histoire, les choses vues» (27). Cette fonction du dessin comme mémoire est fondamentale pour expliquer la naissance de l'œuvre et la méthode de travail de l'architecte. Cette démarche, consistant à engranger par le dessin tout ce qui attire son attention et l'intéresse, s'insinue de façon constante dans la genèse de cha-

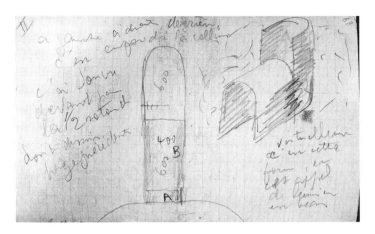

Lighting principle in the serapeum of Villa Adriana, Tivoli (sketch), drawn by Le Corbusier in October 1911 ("Voyage en Orient" sketchbook)

Croquis du principe d'arrivée de la lumière, dans le Serapeum de la Villa Adriana, à Tivoli, fait par Le Corbusier en octobre 1911 (Carnet du voyage en Orient)

Study sketch for the tower calottes (FLC 5645)
Croquis de recherche pour les calottes des tours (FLC 5645)

scope" shape. A note and a sketch mention this source: "Light! in 1911 (?) I had noticed something like that dug out in a Roman grotto in Tivoli". If Ronchamp made him almost immediately think of Tivoli – and the very first sketchbook drawings indicate this – it is not merely because he had visited this place, but more importantly because he had drawn there what he wanted to retain from it: "one draws so as to fix deep down in one's own experience what is seen" (27). This function of the drawing as memory is fundamental for understanding Le Corbusier's architectural process and his creations. It is a process which consisted of amassing through drawings everything that attracted the architect's attention and inspired him, and is present in the genesis stage of each project worked on by Le Corbusier. For each and every *œuvre* produced by the architect, the drawing proved to be the veritable tool in his "long and patient search".

As with the concept for the towers, which Le Corbusier had in mind at the outset, the idea for the chapel roof was also rooted in a form that was entirely personal to the architect: a crab's shell, to which he refers when he describes the birth of the scheme. This shell formed part of a collection of organic objects: roots, bones, pebbles etc., which the architect termed "*à réaction poétique*". For Le Corbusier these were precious sources of creativity, both in his work as an architect and as a painter and designer. This crab's shell not only inspired him conceptually in the shape of the roof – an organic form to match the organic plan – it also generated the idea for the roof structure itself. Just as the crab's shell is composed of two membranes, so the roof is made up of two soft shells, joined to one another by binding beams. Far from contenting himself with merely

cun de ses ouvrages et le dessin s'avère, tout au long de sa production, le véritable outil de la «longue recherche patiente».

Tout comme pour la conception des tours, dont Le Corbusier avait en mémoire le modèle, l'idée qui est à l'origine de la couverture de la chapelle provient d'une forme familière à l'architecte : la coque de crabe à laquelle il fait allusion lorsqu'il décrit la naissance du projet. Il puise en effet cette coque dans la série des objets organiques, racines, os, galets qu'il se plaît à collectionner et qu'il définit «à réaction poétique». Ce sont pour lui de précieuses sources d'inspiration, dans son travail d'architecte autant que de peintre et de dessinateur. Cette coque de crabe lui suggère non seulement une forme – la forme organique qu'il recherche pour répondre à un plan organique – mais aussi une structure qu'il imagine d'adapter à la couverture de la chapelle. Tout comme la coque composée de deux membranes, le toit sera formé de deux voiles minces, reliés l'un à l'autre par des poutres maîtresses. Loin de se contenter de reprendre ce modèle et de le transposer dans l'espace, il remanie et travaille l'aspect très particulier de cette coque. Il l'enrichit en y apportant des éléments empruntés à d'autres sources, créant ainsi une synthèse de formes et d'idées.

En effet, parmi les sources d'inspiration de la toiture, il faut aussi relever une référence empruntée à la technique contemporaine, en l'occurrence celle d'un barrage. Dans un dossier intitulé «documents préparation Ronchamp», se trouvait une revue où était mise en évidence une illustration reproduisant la coupe d'un barrage. Si l'on compare cette coupe à la courbe formée par la déclivité du toit depuis l'angle sud-est jusqu'au côté ouest où l'eau s'écoule par la gar-

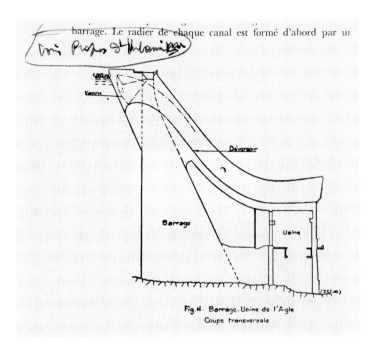

Hydraulic dam (cross-section), taken by Le Corbusier from a contemporary review

Coupe transversale d'un barrage-usine relevé par Le Corbusier dans une revue de l'époque

Sketch by Le Corbusier of the dam at Chastang in "Propos d'urbanisme"

Croquis fait par Le Corbusier, du barrage de Chastang, dans «Propos d'urbanisme»

reproducing this model and setting it down haphazardly, Le Corbusier reworked the extremely singular nature of its surface. He embellished it with elements borrowed from other sources, thus creating a synthesis of forms and ideas.

Among the other sources of inspiration drawn on for the roof was a reference borrowed from contemporary technology: the dam. In a file entitled "documents préparation Ronchamp", is a review in which an illustration, the cross-section of a dam, was marked by the architect. There is a formal analogy between this section and the curve formed by the incline of the roof sloping from the south-eastern corner to the west side where the water gushes from the gargoyle. Hence one can presume that the architect drew on the section of this dam to create a sluice-like shape which would enable rainwater to flow down from the roof. He used a form that evokes and fulfils a specific function, i.e. the need to collect rainwater as stipulated in the programme. Le Corbusier's response to this requirement was not restricted to the overall shape of the roof; he also introduced detailed elements, such as the gargoyle in the west wall. He again drew on the shape of a dam for his design of the gargoyle's profile: next to the section of the above-mentioned dam, a note in Le Corbusier's own handwriting says "Voir (see) Propos d'architecture". In this work there is a sketch drawn by the architect in 1945 depicting a dam; the similarity between the shape of the overflow of this dam at Chastang and that of the chapel's gargoyle is clear: he reproduces an imaginary large-scale shape designed to discharge the waters of a dam and applies it to a gargoyle whose role is to pour forth collected rainwater.

gouille, l'analogie formelle est évidente. L'architecte s'est en effet inspiré de la coupe de ce barrage pour trouver un galbe qui favorise l'écoulement des eaux du toit. Il utilise ainsi une forme qui évoque et entraîne une fonction bien spécifique : l'un des impératifs du programme étant la nécessité de recueillir les eaux de pluie, il prend en compte cette contrainte, tant en ce qui concerne l'apparence générale de la toiture que celle d'un élément de détail comme la gargouille du mur ouest. Il s'inspire également de la forme d'un barrage pour le profil donné à la gargouille : à côté de la coupe de barrage mentionnée plus haut, une note de sa main indique : «voir Propos d'urbanisme» ; dans cet ouvrage est publié un croquis fait par l'architecte en 1945 et représentant un projet de barrage ; la similitude entre la forme du déversoir de ce barrage de Chastang et celle de la gargouille de la chapelle est certaine ; il réutilise une forme imaginée à grande échelle pour déverser les eaux d'un barrage et l'applique à l'échelle d'une gargouille servant à l'écoulement des eaux de pluie.

Les quelques sources décrites ici sont autant empruntées aux cultures passées (Tivoli), à l'histoire personnelle de l'architecte («objets à réaction poétique») qu'au vocabulaire de la technique contemporaine (barrages). Si certaines parties de la chapelle émanent d'une recherche formelle élaborée, d'autres, comme les tours par exemple semblent avoir été trouvées presque spontanément car elles faisaient déjà partie d'un répertoire antérieur, comme l'attestent les tout premiers croquis faits sur le site.

Cette phase «d'incubation» à laquelle Le Corbusier fait allusion ne se réduit certes pas à la phase comprise entre le moment de la commande et le moment où l'idée

The various sources described here are as much borrowed from bygone cultures (Tivoli) and the architect's own past (*objets à réactions poétiques*) as from contemporary technical vocabulary (dams). Whereas some parts of the chapel issue from formal detailed research, others such as the towers seem to have been created almost spontaneously, since they already formed part of a repertoire, as proved by the very first sketches made on the site.

The "incubation" period referred to by Le Corbusier encompassed more than just the phase between the assigning of the commission and the moment when the first idea was born. This gestation stage in fact implicitly integrated (often in a subconscious manner) a wide range of references generated long before the start of the project: a repertoire lodged in the architect's memory comprising forms and solutions – his own referencing system upon which he drew during the design process. Obviously this did not involve merely reproducing identical forms and ideas; rather it meant transporting references or models into his architectural and plastic works and then building upon these sources to create a new vocabulary. Extracting the essence from a model and drawing the spirit from its form to use within the design process constitutes an integral part of the architectural approach. In this process invention is never purely formal. The forms are conceived in line with a specific function and programme requirements.

Parallel with this work on form, documentary research was undertaken, whose aim was to meet the givens of the programme. Hence, the architect consulted various religious art journals so as to familiarise himself with liturgical imperatives. In addition, he gathered a

première est trouvée. Cette étape de gestation du projet intègre en fait implicitement, de manière souvent inconsciente, autant de données antérieures à la phase projectuelle à proprement parler. Se constituent dans la mémoire de l'architecte un répertoire de formes et de solutions, un système de références qui lui sont propres, et dans lesquels il puise au moment de penser le projet. Il ne s'agit certes pas de répéter des formes et des idées, mais de transposer dans sa production architecturale et plastique des références ou des modèles dont il tire leçon et à partir desquels il invente un nouveau langage. Extraire l'essence d'un modèle, tirer l'esprit de la forme comme support à la démarche créatrice font partie intégrante de la démarche projectuelle. Dans ce processus, l'invention n'est jamais purement formelle. Les formes sont imaginées en relation à une fonction spécifique et au programme requis.

Parallèlement à ce travail sur la forme s'établit une recherche documentaire pour répondre aux données du programme. Ainsi, l'architecte consulte diverses revues d'art religieux pour se familiariser avec les impératifs imposés par la règle liturgique. De plus, il utilise de nombreuses informations puisées dans une petite monographie sur la chapelle précédente (28). Il annote ou met en évidence les paragraphes relatifs à l'histoire des pèlerinages rattachés au lieu et évoquant les grandes foules rassemblées à l'occasion. Probablement cela lui suggère-t-il l'importance qu'il va accorder au chœur extérieur, sorte de cathédrale en plein-air. De même, il relève les passages où est longuement décrite cette chapelle que «l'on voyait si belle de loin» ; se trouve ici confirmé l'intérêt de sa situation en un lieu élevé où elle fait figure de signe dans le paysage. Cette fonction

large amount of information from a short monograph on the old chapel (28). He annotated and marked those paragraphs relating to the site's history of pilgrimage and the large crowds that would gather on pilgrimage days. This explains the importance he accorded the outdoor chapel, a kind of open-air cathedral. Similarly, he noted passages which describe at length the location of the chapel whose "fine shape can be seen from afar", confirming the importance of the building being placed on a raised site – a beacon in the landscape, a function that would be accentuated by the main south-west tower. He also underlined anything related to the building's role as regards the worship of the Blessed Virgin Mary, together with information on the statue of the Virgin. This reveals that the architect, having received a Protestant upbringing, was desirous to learn about the specific nature of the Catholic religion, in this case the veneration of the Holy Virgin. In the text he noted everything that concerned the relationship between pilgrims and the Virgin Mary, a mother-child relationship, evoking protection. This inspired his decision on where to place the statue; his aim was to accord it a privileged position in relation to the area where the "Christian drama" would take place and to ensure that it would preside over the crowds of worshippers and act as a link with the outside world. Thus the statue was positioned in an open recess hollowed out in the choir wall; in this way it can also be seen from outside.

This phase of documentary research on the programme, combined with the formal research, served to feed the scheme during its gestation stage. The incubation period spoken of by the architect thus enlightens us on his architectural approach. The art historian Maurice Besset,

sera soulignée par la haute tour sud-ouest qu'il imagine. Il souligne encore tout ce qui a trait à la vocation mariale de l'édifice ainsi que les anecdotes relatives à la statue de la Vierge. C'est là le réflexe de quelqu'un qui, ayant reçu une éducation protestante, souhaite s'informer sur les particularités du culte catholique, en l'occurrence sur la croyance en la Vierge Marie. Il relève dans le texte tout ce qui le renseigne sur les relations entre l'image de la Vierge et le pèlerin, relations mère-enfant, évoquant la protection. Cela lui inspire la position à donner à cette statue, privilégiée par rapport à l'endroit où se déroule le «drame chrétien», dominant l'assemblée des fidèles et servant de lien avec le monde extérieur. Cette statue sera en effet située dans une niche ouverte dans la paroi du chœur et permettant à l'objet d'être visible depuis l'extérieur.

Cette phase de recherches documentaires liées à la réflexion sur le programme, complémentaire de la recherche formelle, nourrit la gestation du projet. La phase d'incubation dont parle l'architecte nous éclaire ainsi sur sa méthode de travail. L'historien de l'art Maurice Besset, familier de la recherche corbuséenne, évoque sa démarche en ces termes : «‹Regarder› et ‹voir›, disait-il volontiers, en distinguant soigneusement entre ‹regarder› qui est simplement noter, recueillir, engranger, et ‹voir› qui est déjà comprendre, dégager des rapports, ou comme il disait encore, ‹classer› ; ensuite seulement ‹inventer› et ‹créer›. En remontant, à partir de chaque forme, de chaque idée qui porte sa marque, l'enchaînement souvent déroutant de ces opérations, en s'attachant à préciser pour chaque cas le rapport entre observation et vision créatrice, on constaterait qu'il n'est guère chez Le Corbusier, d'idée ou de forme, si neuve qu'elle soit, si authentiquement

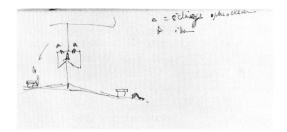

Location sketch for the statue of the Holy
Virgin (embedded in the east wall); set on a
rotating platform, it is visible from both inside
and outside (Sketchbook E18)

Croquis de situation, dans le mur est, de la
statue de la Vierge, posée sur un plateau pivo-
tant pour être visible de face soit à l'intérieur,
soit à l'extérieur (Carnet E18)

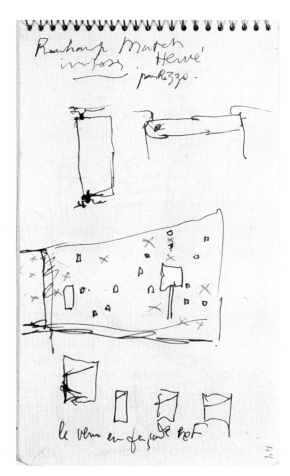

Interior elevation sketch of the east wall,
signalling the openings
(Sketchbook H32)

Croquis de l'élévation intérieure du mur à
l'est, avec l'indication des trous à laisser
ouverts (Carnet H32)

a specialist in Corbusian research, describes the architect's process in the following way: "'To look' and 'to see' as he was apt to say, carefully distinguishing between 'to look', which means simply noting, collecting and amassing information, and 'to see', which means understanding, drawing relationships or, again as he would say 'classifying'; after this comes 'inventing' and 'creating'. We return to each form, each idea that contributes to the work, and are diverted by the sequential linking that ensues from this as we endeavour to explore the relationship between observation and creative vision. By doing this we can note that almost every idea and form employed by Le Corbusier, however original it is, however much it authentically belongs to him, is rooted in a concrete observation, in a recorded fact, in a question asked" (29).

The Construction Phase

Construction Conditions

Construction work on the chapel began in September 1953 and was finished at the end of June 1955. The scheme was presented to the Besançon *Commission d'Art Sacré* in January 1951, which officially approved it on 20th January. On this same date the Commission also approved the production of a set of stained glass windows by Fernand Léger and a mosaic by Bazaine at Audincourt. Nearly three years however were to pass before construction of the chapel actually got underway – objections, even vehement opposition to the scheme blocked the starting date on several occasions.

This opposition primarily came from local inhabitants: the parishioners of Ronchamp were deeply attached to the old

qu'elle lui appartienne, qui n'ait son origine première dans une observation concrète, dans un fait enregistré, dans une question posée» (29).

La construction

Les conditions de la construction

La construction de la chapelle débute en septembre 1953 pour s'achever à la fin du mois de juin 1955. Le projet est soumis à la commission d'art sacré de Besançon durant la session de janvier 1951 et approuvé officiellement le 20 janvier. Au cours de la même session, la commission donne son accord pour la réalisation d'une série de vitraux par Fernand Léger et d'une mosaïque par Bazaine à Audincourt. Entre la date où le projet est accepté et le début de la construction, une période de presque trois années s'écoule : période durant laquelle se manifestent des hésitations diverses, voire de véritables oppositions qui retarderont à plusieurs reprises le début des travaux.

Réticences et oppositions sur le plan local : les paroissiens de Ronchamp, attachés à l'ancienne chapelle, en souhaitaient la restauration plutôt que la construction d'une nouvelle. Quand le nouveau projet leur est présenté, sous la forme de la première maquette en plâtre, la lecture de cette architecture ne leur est pas aisée : incompréhension, étonnement, appréhension devant cet objet quelque peu étrange, qui ne se réfère à aucun bâtiment religieux traditionnel. Oppositions aussi de la part d'administrations régionales qui font obstacle au commencement des travaux, ce qui entraîne le ministre de la Reconstruction, Eugène Claudius-Petit, ami de Le Corbusier, à intervenir en marquant son soutien à la commission d'art sacré. Hostilité à

chapel and preferred that it be restored rather than reconstructed. When the scheme for the new chapel was shown to them, in the form of a plaster model, they were unable to comprehend its architecture; instead they were uneasy, shocked and apprehensive before this somewhat strange object whose shape in no way resembled that of any other traditional religious edifice. Opposition from regional authorities also hindered the beginning of construction, until Eugène Claudius-Petit, Minister of Reconstruction Works and friend of Le Corbusier, stepped in to make public his support of the decision taken by the *Commission d'Art Sacré*. Thinly-veiled hostility from the diocesan clergymen who were reluctant to finance the project likewise created complications (30).

Another major source of opposition was the press, which led a veritable campaign against the chapel both during its construction phase and afterwards. In a barrage of articles, they labelled the building an "ecclesiastical garage", "slipper", "bunker", "nuclear shelter", "concrete heap" etc. In his newsletter several years later, the Abbé Bolle-Reddat, chaplain of Notre-Dame-du-Haut, wrote: "will someone one day be able to write about the problems that this chapel experienced at the time of its birth, the struggles that had to be undertaken on all fronts, in what humus – even nauseating at times – this flower of grace sprang up? a true miracle!" (31). Le Corbusier's personality as well as his architecture came under fire, although this type of reaction from his contemporaries had become commonplace for him: as Malraux said, "no architect can so strongly embody the revolution of architecture, for none has so patiently suffered such a constant stream of insults!..." (32). In the texts that he wrote on Ronchamp, Le Corbusier makes refer-

peine voilée de la part d'une partie du clergé du diocèse qui est réticent devant le financement du projet (30).

Enfin, oppositions, au cours de la construction et à la fin du chantier, de la part de la presse, avec une véritable campagne menée contre la chapelle qui est, au fil des articles, qualifiée de «garage ecclésiastique», «pantoufle», «bunker», «abri anti-atomique», «tas de béton» ... : Dans son journal, l'abbé Bolle-Reddat, chapelain de Notre-Dame-du-Haut, note quelques années plus tard :«quelqu'un saura-t-il un jour écrire dans quelles difficultés cette chapelle est née, quelles luttes sur tous les fronts ont dû être menées, dans quel humus, parfois nauséabond, cette fleur de grâce a poussé? un vrai miracle!» (31). On attaquait là autant la personnalité de l'architecte que son architecture et ce type de réactions de la part de ses contemporains était devenu chose coutumière pour Le Corbusier : «aucun architecte n'a signifié avec une telle force la révolution de l'architecture parce qu'aucun n'a été si longtemps, si patiemment insulté!...» dira Malraux (32). Dans les textes qu'il écrit à propos de la chapelle de Ronchamp, Le Corbusier fait allusion à ces attaques : «Pas une minute, je n'ai eu l'idée de faire objet d'étonnement. Ma préparation? Une sympathie pour autrui, pour inconnu et une vie qui s'est écoulée dans les brutalités de l'existence, les méchancetés, l'égoïsme, les lâchetés, les trivialités mais aussi tant de gentillesse, de bonté, de courage, d'élan...» (33).

ence to these attacks: "Not for one moment was it my idea to create something that would shock or surprise. My preparation? Sympathy for others, for the unknown, and a life lived amidst the brutalities of existence – meanness, cowardice, triviality – but also so much gentleness, kindness, courage, drive…" (33).

Construction Principles

The overall construction concept was decided upon by the architect during his very first visit to the site. In his notes for Ronchamp he wrote: "In June 1950, on the hill, I spent three hours getting to know the ground and the horizons …The chapel, blasted by shells, is still standing … I ask questions. There is no practicable road to bring transport to the top of the hill. Consequently I shall have to put up with sand and cement. Probably the stones from the ruin, cracked by frost and calcined by fire would do for fill but not for load bearing. An idea crystallizes: here, in these conditions at the top of a lonely hill, here we must have just one all-embracing craft, an integrated team, a know-how, composed of men, up there on the hill, free and masters of their craft" (34). Thus, the architect decided at one and the same time to have only one team and to use sand and cement – i.e. concrete – as the construction material, in view of the conditions dictated by the site.

The building itself comprises a frame made of reinforced concrete columns, upon which the shell of the roof is laid. The west, east and north walls are filled with stones recovered from the ruins of the old chapel. The foundations of the edifice are one metre deep and are composed both of bases into which structural columns are driven and of narrow strip

Les principes de construction

Le parti constructif général est adopté par l'architecte dès les premiers contacts avec le site. Dans ses notes pour Ronchamp, il écrit : «Juin 1950… je m'occupe pendant trois heures à prendre connaissance du terrain et des horizons… Il y a debout l'ancienne chapelle toute crevée par les obus… Je questionne sur les conditions locales et je mesure qu'il n'y a pas de route (pas d'accès), pas de transports, qu'en conséquence, je prendrai des sacs de ciment et du sable et peut-être les pierres de démolition de la chapelle au toit crevé ; probablement les pierres de démolition, gélives et calcinées, pourront-elles remplir, mais pas porter. Une notion se précise : ici, dans de telles conditions, au sommet d'un mont isolé, un seul corps de métier, une équipe homogène, une technique savante, des hommes là-haut, libres et maitres de leur travail» (34). Ainsi, en même temps qu'il décide de réaliser la totalité de l'ouvrage avec une même équipe, il décide du choix du matériau, dicté par les conditions du lieu : sable et ciment, c'est-à-dire du béton.

La construction est réalisée à partir d'une ossature constituée de poteaux en béton armé sur lesquels est posée la coque du toit. Le remplissage des murs ouest, est et nord est composé des pierres récupérées de l'ancienne chapelle démolie. L'édifice repose sur des fondations d'un mètre de profondeur qui sont soit des semelles recevant les poteaux porteurs, soit des rigoles recevant les murs continus de maçonnerie. L'ossature du mur sud est composée de piliers, de poutres de liaison et de contreventement et de poutrelles préfabriquées, de dimensions régulières. Les poutrelles servent à la fixation des enveloppes intérieure et extérieure du mur. Ces enveloppes, faites en

South wall structure and shell of the roof in *béton brut*

La structure du mur sud et le voile de la toiture en béton brut de décoffrage

foundations which accommodate the uninterrupted masonry walling. The frame of the south wall is made up of piers, bond and windbrace beams and prefabricated standard-sized joists. These joists fix the interior and exterior sprayed concrete envelopes of the wall. The construction principle for the latter was as follows: metal lathing (a kind of grating) was stretched on the joists linking the principle elements of the frame, and mortar was sprayed onto this with a cement gun; while serving to create the permanent form, the metal lathing also acts as a reinforcement. The south wall is entirely taken up by this reinforced concrete frame upon which the interior and exterior membranes are stretched – soft shells (four-centimetres thick) made up of two non-parallel skew surfaces. One can imagine this building as a skeleton with a "skin" stretched over it, both inside and outside. This wall varies at the base from a width of 3 m 70 in the west to 1 m 40 in the east and to 0 m 50 at the top. The construction principle employed for the south wall, based on the same concrete frame, allowed the architect free rein regarding its shape: its curve, incline and thickness. The wall no longer fulfils a structural function, but rather adopts the form of an envelope. The stones taken from the old chapel ruins, used for the masonry of the west, east and north walls, were also employed for the base of the towers right up to the concrete calottes.

The three towers housing the side chapels are independent from the walls. Since the massing of these towers exerts a pressure on the ground that is greater than the walls, they are freed from the latter by separation joints, thereby preventing settlements that could cause cracks in the masonry. A void therefore separates the massing of one tower from that of an adjacent wall.

ciment projeté, sont réalisées selon le principe suivant : on tend sur les poutrelles reliant les éléments principaux de l'ossature, un lattis de métal déployé (sorte de grillage) sur lequel on projette, au canon à ciment, un mortier ; ce lattis de métal sert à la fois de coffrage perdu et d'armature. Le mur sud est entièrement constitué par cette ossature en béton armé sur laquelle sont tendues les membranes intérieure et extérieure, voiles minces de 4 cm d'épaisseur et qui sont deux surfaces gauches, non parallèles. On peut imaginer cette construction comme un squelette sur lequel est tendue, à l'intérieur et à l'extérieur, une «peau». Ce mur a une largeur à la base de 3 m 70 vers l'ouest, décroissant jusqu'à 1 m 40 vers l'est ; sa largeur au sommet est de 0 m 50. Le principe de construction utilisé pour le mur sud, basé sur cette ossature de béton, laisse toute latitude à l'architecte quant à la forme de ce mur, à sa courbure, son inclinaison, son épaisseur. Celui-ci n'est plus support mais enveloppe. Les pierres de récupération, utilisées pour la maçonnerie des murs ouest, est et nord, le sont également pour la construction de la base des tours jusqu'aux calottes qui, elles, sont réalisées en béton.

Les trois tours abritant les chapelles secondaires sont indépendantes des murs. Leur masse exerçant sur le sol une poussée plus forte que les murs, elles en sont séparées par des joints de désolidarisation ; cela pour éviter les tassements qui pourraient provoquer des fissures dans la maçonnerie. La masse d'une tour est ainsi désolidarisée d'avec celle d'un mur adjacent par un vide dans la maçonnerie, depuis les fondations jusqu'au sommet.

La partie la plus remarquable et la plus originale de cette construction, la plus surprenante aussi, est sans conteste la

The most strikingly original feature of this construction is indisputably the covering that makes up the chapel roof. It is composed of two parallel membranes, conceived as an aeroplane's wing, and separated from one another by a 2 m 26 void that conforms to Modulor proportions. These two shells are in reinforced concrete, each measuring a depth of 6 cm. Together they form the overall shell of the roof, whose reinforcement is identical to that used in an aeroplane's wing: seven flat beams linked to one other by ribs. The lower shell of the roof is articulated on load-bearing elements by means of a hinge – a metal component that joins the metal frame of the pier to that of the truss. The roof rests on load-bearing elements placed at each beam, spaced at intervals over the interior surfaces of the south, east and north walls. In the west, the roof is laid on the upper levelling course and in the east, the canopy rests both on the edge of the overhang formed by the south wall and on the outside pier.

Construction Materials

Describing the design process of the project, Le Corbusier said: "A sudden, total inspiration! afterwards, the lyricism has to be integrated into the materials which must be kneaded and shaped into the mould of the design" (35). The choice of reinforced concrete was in fact dictated over and above everything else by the construction conditions. These encompassed just as much financial prerequisites (concrete is a budget-saving material) as the problem raised by transport and supply of material to this hilltop site. Since the programme left the architect almost free rein, he was able to put his construction techniques to full use and introduce his language of plasticity, thus creating the sculptural forms that so dis-

couverture qui forme la toiture de la chapelle. Elle est composée de deux membranes parallèles, imaginées selon le principe d'une aile d'avion, et séparées l'une de l'autre par un vide de 2 m 26, mesure conforme au Modulor. Les deux voiles en béton armé ont chacun une épaisseur de 6 cm. Cette coque est formée d'une armature identique à celle d'une aile d'avion, constituée de sept poutres plates reliées entre elles par des nervures. L'articulation du voile inférieur du toit sur les éléments porteurs se fait par l'intermédiaire d'une rotule, élément métallique joignant l'ossature du pilier à celle de la ferme. Le toit est posé sur les éléments porteurs au niveau de chaque poutre, en des points répartis sur les parois intérieures des murs sud, est et nord. A l'ouest, il repose sur l'arase supérieure et à l'est, l'auvent repose sur l'extrémité de l'avancée du mur sud et sur la pile extérieure.

Le matériau

Evoquant le processus de création du projet, Le Corbusier explique : «Une inspiration subite, totale! après, il faut faire passer le lyrisme dans les matériaux, les ployer, les plier au service du dessein» (35). Ce sont les conditions de la construction qui ont, en premier lieu, déterminé le choix du béton armé. Tant les impératifs financiers (le béton est un matériau économique) que les difficultés de transports et d'approvisionnement au sommet de la colline ont imposé ce choix. Le programme de la chapelle qui laisse à l'architecte une liberté quasi totale, lui permet d'exploiter au maximum les ressources techniques du matériau et de jouer de sa plasticité pour créer ces formes sculpturales si particulières à la chapelle : «les techniques sont l'assiette du lyrisme» se plaît à affirmer Le Corbusier.

tinguish this chapel; as Le Corbusier himself was wont to say: "construction techniques form the basis of lyricism".

Different materials were employed both for the treatment of the forms – shell of the roof and skew surfaces of the walls – as well as for the texture of the material itself: *béton brut* and concrete sprayed on by cement gun. Besides the fact that these two methods contribute to the plastic language in the work, they also serve to highlight the main features of the building and to accentuate the contrast between the forms, while at the same time underscoring the play of duality. Here the architect fine-tuned the *béton brut* technique: he used several casing methods, each corresponding to specific elements of the structure. He created effects of plasticity from these by using the indentations of the planks of wood, the veining and the lines of joint to underline the strength of a mass (the roof), to accentuate the features of an element (the pulpit) and to individualise a sculptural object (the rainwater tank).

Hence, as well as making use of reinforced concrete for the freedom of formal expression it allows, the architect also used it to generate varied effects in terms of its appearance by setting off its texture, its severity, its "brutalism", and clothing it in a cloak of nobility: "I have used *béton brut*. The result: total fidelity to the model, a perfect reproduction of the mould; concrete is a material that does not cheat; it replaces, it cuts out the need for that trickster – coating. *Béton brut* says: I am concrete" (36).

Concrete was sprayed onto the interior and exterior surfaces of the facades and towers by means of a cement gun. It was then covered in "gunite" and whitewashed. This white stippled effect creates

Les possibilités du matériau sont explorées autant dans le traitement des formes – coque de la couverture et surfaces gauches des murs – que dans la texture de la matière, béton brut de décoffrage et béton projeté au canon à ciment. Les deux procédés utilisés, outre le fait qu'ils contribuent à affirmer le langage plastique, mettent en évidence les caractères dominants de la construction, accentuent le contraste entre les formes et en soulignent toute la dualité. La technique du béton brut de décoffrage est ici soigneusement mise en œuvre ; plusieurs méthodes de coffrage sont employées, chacune correspondant à des éléments particuliers de l'édifice. L'architecte en tire des effets plastiques, choisissant d'utiliser les empreintes des planches du bois, les veinures, les lignes de jointure pour souligner la force d'une masse (le toit), accentuer le caractère d'un élément (la chaire), individualiser un objet sculptural (la citerne).

Ainsi, outre la liberté d'expression formelle que permet le béton armé, l'architecte crée des effets variés quant à son apparence, mettant en valeur sa texture, sa rudesse, son «brutalisme» et lui donnant ici ses lettres de noblesse : «j'ai employé du béton brut. Résultat : une fidélité totale, une exactitude parfaite au moulage ; le béton est un matériau qui ne triche pas ; il remplace, il supprime l'enduit qui trahit ; le béton brut dit : je suis du béton» (36).

Pour les parois intérieures et extérieures des façades et des tours, est employé du béton projeté au canon à ciment et recouvert de gunite, enduite de lait de chaux. L'aspect de «peau» que donne le grain du crépi blanc s'oppose à l'apparence de force des volumes laissés en brut de décoffrage, comme le toit. C'est cette blancheur du lait de chaux qui donne à l'édifice ce trait «d'exotisme»

a contrast with the solid strength of the volumes in *béton brut*, like the roof. It is the whiteness that lends the building its "exotic" aspect, as termed by the *Commission d'Art Sacré* when the model was first presented, and which provides the structure with its often-evoked "Mediterranean" character. As of his formative years, after the famous "useful voyage" to the Orient, the architect had been inspired by the "candour" of whitewash: "...volumes stand out clearly; colours adopt a categorical stance. The whiteness of lime is absolute, everything frees itself from it, inscribes itself on it, black on white: it is frank and loyal" (37).

Even on the construction site itself, Le Corbusier integrated chance elements into his work. As an anecdotal illustration, one of the clergymen, a member of the *Commission d'Art Sacré*, expressed a desire to see the statue of the Holy Virgin in the east wall, surrounded by stars; present on the construction site when the props supporting the wall scaffolding were being taken down, Le Corbusier decided to keep some of the apertures in the walls: "look! here are your stars!" he exclaimed, drawing several crosses on one of the pages in his sketchbook, signalling the orifices through which the sun's rays would filter to form a crown of light.

qu'avait relevé la commission d'art sacré au moment de la présentation de la maquette et qui ne manque pas de lui donner ce caractère de «méditerranéité» souvent relevé. Dès la période des voyages initiatiques, à l'occasion du fameux «voyage utile» vers l'Orient, l'architecte marque son enthousiasme pour la «franchise» du lait de chaux : «...le volume des choses y apparaît nettement ; la couleur des choses y est catégorique. Le blanc de chaux est absolu, tout s'y détache, s'y écrit absolument, noir sur blanc : c'est franc et loyal» (37).

L'architecte se plaît encore à jouer du hasard provoqué par la mise en œuvre du chantier. Une anecdote, à ce propos est révélatrice : l'un des ecclésiastiques, membre de la commission d'art sacré, avait manifesté le souhait de voir la statue de la Vierge, dans le mur est, entourée d'étoiles ; présent sur le chantier au moment où étaient enlevés les étais soutenant l'échafaudage du mur, Le Corbusier décide de conserver quelques-uns des orifices laissés dans la paroi : «tenez! vous les avez vos étoiles! les voilà!» s'exclame-t-il en traçant, sur une page de carnet, quelques croix indiquant les orifices où passeront les rayons lumineux pour provoquer cette couronne de lumière.

Contrast between the
white rough plaster finish
and *béton brut*

Le contraste entre crépi
blanc et béton brut

Detail of the south wall
openings

Détail des alvéoles du
mur sud

White stippled surface of the south wall; roof in *béton brut*

Le mur sud, crépi et recouvert de blanc de chaux, et la toiture en béton brut de décoffrage

A "Total Work of Art"

Une «œuvre d'art total»

In the texts he wrote on Notre-Dame-du-Haut, Le Corbusier gives the following definition of the chapel: "Yes, through architecture alone. For architecture is the synthesis of the major arts. Architecture is form, volumes, color, acoustics, music" (1). This wording expresses the synthetic vision of architecture he upheld whereby architecture can create an expressive and unique work, as in a building which is a place of worship. The complete freedom granted him in this commission enabled him, more than in any other project, to make manifest an idea he had adopted in the Thirties and developed in conferences and writings running up to the Fifties: the notion of architecture as a forum which allows for a synthesis of various art forms (2). This theme, recurrent throughout Le Corbusier's research work, led him to study this concept from a number of different angles. A work of art may be integrated into a building, which implies it must enter into a genuine dialogue with its architectural context as an instance of the plastic arts within an instance of architecture. In other words, the main branches of the arts may be fused in an architectural structure, giving rise to what Le Corbusier considered an exceptional meeting of minds, involving the architect and other artists who together devise the overall work (he talks of a collaboration of the arts): this idea may be applied also at the very outset of the project.

The architect, in Corbusian terms, must think as a builder yet also as an artist versed in the plastic arts, for plastic and polychrome forms are as much constituent components of architecture as the construction elements themselves: "It is absolutely essential that the architect be an unerring plastician", he declared at the CIAM (International Congress of Modern Architecture) in Bergamo in 1949. "Not necessarily practising these

Dans les textes qu'il écrit pour Ronchamp, Le Corbusier donne cette définition de la chapelle : «oui, de l'architecture seule. Car l'architecture est la synthèse des arts majeurs. L'architecture est formes, volumes, couleur, acoustique, musique» (1). Cette formulation exprime la conception synthétique qu'il défend lorsque l'architecture peut être œuvre d'expression, œuvre unique, comme c'est le cas pour un bâtiment cultuel. La totale latitude qui lui est laissée au moment de la commande permet, plus que dans tout autre projet, de matérialiser une idée qu'il fait sienne dès les années trente et qu'il développe à travers conférences et écrits, jusqu'à ce début des années cinquante : celle de l'architecture considérée comme lieu de la synthèse des arts (2). Ce thème, récurrent dans la recherche corbuséenne, l'amène à considérer cette notion sous divers angles : celui de l'intégration d'une œuvre d'art à l'architecture – et alors, l'œuvre doit entamer un véritable dialogue avec celle-ci, elle est un événement plastique dans l'événement architectural – ; celui d'une fusion des arts majeurs au sein du bâtiment architectural – et alors une rencontre, exceptionnelle selon lui, peut se faire entre le constructeur et les plasticiens qui conçoivent ensemble l'œuvre globale (il parle de collaboration des arts) – ; celui enfin de son application au stade même de la conception du projet.

L'architecte doit, selon Le Corbusier, penser en constructeur, mais aussi en plasticien et en peintre, car les formes plastiques et la polychromie sont les constituants de l'architecture au même titre que les éléments constructifs : «l'architecte doit être absolument plasticien», déclare-t-il, lors de son intervention au CIAM de Bergame, en 1949. «Pas nécessairement un praticien des choses plastiques, mais il doit avoir un pôle récepteur

art forms but with a capacity to absorb and reflect all aspects of the plastic arts. And this awareness of the plastic arts must emerge in every line, in every volume and in every surface of the work" (3). Thus the architect undeniably holds all the reins of the project, organising space and volumes, regulating light and distributing colour: "In my opinion, it (polychromy) should be the task of the architect, since it cannot be dissociated from the conception of a building" (4). Le Corbusier's concept of synthesis reflects his understanding of creation; he perceived his work in the plastic arts, in particular his paintings, as the testing ground for his architectural research (5).

In a work like Ronchamp he was able to give tangible form to a fundamental concept of the mission he had defined for himself: "to draw forth from a constructed work (architecture) presences engendering emotion, which are essential to the poetic phenomenon. These will therefore derive essentially and exclusively from the combined presence of architecture, painting and sculpture, inextricably linked by harmony, discipline and intensity" (6). Volumes, light, colours and materials express this plastic and "symphonic" interaction and make the architectural *œuvre* a total work of art. Yet how can architecture express a poetics of space and awaken emotion in those experiencing, perceiving and using it?

From his first texts on architecture, published in the journal *L'Esprit Nouveau* in 1920, and then in *Vers une architecture* in 1923, Le Corbusier clung to this concern which he felt to be of the greatest importance. He constantly inserted this "message", formulated in the "heroic" age of the modern movement at the start of the Twenties, into his architecture. The start of his text reads as follows:

et réflecteur de toutes les choses des arts plastiques. Et il faut que le plasticien se manifeste dans chaque ligne, dans chaque volume et dans chaque surface qu'il détermine» (3). L'architecte est alors le maître d'œuvre incontesté qui ordonne les espaces et les volumes, règle la lumière, distribue la couleur : «la polychromie doit être, me semble-t-il, œuvre de l'architecte car elle est indissociable de la conception même d'une bâtisse» (4). Cette idée de synthèse que défend Le Corbusier correspond à sa propre conception de la création et il voit dans sa production plastique, dans sa peinture notamment, le laboratoire de ses recherches architecturales (5).

Par ailleurs, à travers une œuvre telle que la chapelle de Ronchamp, il peut matérialiser une notion fondamentale de la mission qu'il se donne : «faire surgir d'une œuvre construite (architecture) des présences provocatrices d'émotion, facteurs essentiels du phénomène poétique. Donc essentiellement et exclusivement résultant de la présence commune de l'architecture, de la peinture, de la sculpture, unies indissolublement par l'harmonie, la discipline et l'intensité» (6). Volumes, lumière, couleurs, matériaux expriment le jeu plastique et «symphonique» et font de l'ouvrage architectural une œuvre d'art total. Comment l'architecture peut-elle exprimer une poétique de l'espace et provoquer une émotion chez celui qui l'appréhende, la perçoit, l'utilise ?

Dès ses premiers textes sur l'architecture, publiés dans la revue l'Esprit Nouveau en 1920, puis dans l'ouvrage «Vers une architecture» en 1923, Le Corbusier s'attache à cette préoccupation, à son sens, majeure. Ce «message» qu'il délivre dans la période héroïque du mouvement moderne, au début des années vingt, l'architecte n'aura de cesse de le mettre

lows: "The architect, by his arrangement of forms, realizes an order which is a pure creation of his spirit; by forms and shapes he affects our senses to an acute degree, and provokes plastic emotions; by the relationships which he creates he wakes in us profound echoes, he gives us the measure of an order which we feel to be in accordance with that of our world, he determines the various movements of our heart and of our understanding; it is then that we experience the sense of beauty" (7).

Sculptural and "Acoustic" Forms

Le Corbusier speaks as a sculptor when he presents the building as "a chapel in trusty concrete, steeped in courage and temerity" and asserts that he is seeking to "transfer lyricism to the materials, to flex and bend them to best serve the design". He modelled the material to compose organic forms, as would a sculptor. He exploited all the resources of concrete to expressive ends and created a work closely related to sculpture by making full use of the possibilities that this choice of material offers (concave walls, skew surfaces and shells curved in two directions).

Le Corbusier describes the chapel as "a plastic work, an acoustic plastic work" and specifies: "it is a kind of acoustic sculpture, in other words it projects its forms into the distance and in return receives the answering pressure of the surrounding spaces" (8). When he first saw the site, the architect's almost immediate reflex was, as discussed above, to furnish "a response to the horizons" and to sketch out a plan embodying this relation with the surrounding landscape. Hence the building's south and east walls are devised as "receivers" and "transmit-

en œuvre, au fil de sa production. Son texte débute ainsi : «l'architecte, par l'ordonnance des formes, réalise un ordre qui est une pure création de son esprit ; par les formes, il affecte intensément nos sens, provoquant des émotions plastiques ; par les rapports qu'il crée, il éveille en nous des résonances profondes, il nous donne la mesure d'un ordre qu'on sent en accord avec celui du monde, il détermine des mouvements divers de notre esprit et de notre cœur ; c'est alors que nous ressentons la beauté» (7).

Des formes sculpturales et «acoustiques»

Lorsque Le Corbusier présente l'édifice comme une «chapelle de béton loyal, pétri de courage et de témérité» , affirmant que le but est de «faire passer le lyrisme dans les matériaux, (de) les ployer, de les plier au service du dessein», c'est en sculpteur qu'il s'exprime. Il modèle le matériau pour composer des formes organiques, comme le ferait un plasticien. Il exploite les ressources offertes par le béton pour faire œuvre d'expression et créer à partir des réalisations que ce matériau autorise (murs concaves, surfaces gauches, voiles à double courbure) un ouvrage qui s'apparente à une œuvre sculpturale.

Le Corbusier parle de la chapelle comme d'une «œuvre de plastique, de plastique acoustique», précisant : «c'est une espèce de sculpture de nature acoustique, c'est-à-dire projetant au loin l'effet de ses formes et par retour recevant la pression des espaces environnants» (8). Le réflexe presqu'immédiat de l'architecte, lors de ses premiers contacts avec le site, était (comme cela est expliqué plus haut) de donner une «réponse aux horizons» et de tracer un plan figurant ce rapport

ters" and their oblique surfaces are reminiscent of satellite dishes. These are familiar forms for the architect, having been incorporated into his repertoire some ten years earlier when he employed them in Ozon (a small village in the Pyrenees where he spent some time at the beginning of the Forties) in sculptures he characterised as acoustic. Writing of the phenomenon of acoustic forms in an article entitled "espace indicible" ("ineffable space") he explained how "the work (architecture, statue or painting) acts on its surroundings: waves, cries or clamour (the Parthenon on the Acropolis) flashing out like radiating rays (…); both in the immediate vicinity and further afield these shake, dominate or caress the site (…). The surroundings bring their weight to bear on the site of a work of art, the sign of human will; they impose their depths or projections upon it, their hard-edged or hazy densities, their violence or their gentleness. A phenomenon of concordance emerges, as precise as mathematics – a veritable manifestation of acoustics in plastic form" (9). Certainly there is a "phenomenon of concordance" between the chapel and its surrounding landscape and a "manifestation of plastic acoustics" in its sculptural forms. With Le Corbusier's *Voyage d'Orient* in 1911, the shock he experienced when he saw the Acropolis showed him how architecture is inextricably linked to its site; he noted that the temples are the "landscape's reason" meaning by this that the temples, created by human hands, impose their presence on the whole site; the geometric form of the temple, a cultural artefact, orders nature, drawing together the contours of the landscape, "subjugating it", bestowing a "reason" upon it. Later, when he uses the term "plastic acoustics" in describing the chapel, he applies this idea of a radical relation with

avec le paysage alentour. Ainsi, les murs sud et est de l'édifice sont conçus comme des «récepteurs» et des «émetteurs», dont les surfaces gauches évoquent d'ailleurs la forme des écrans utilisés pour capter les ondes. Ces formes sont familières à l'architecte et elles appartiennent à son répertoire depuis une dizaine d'années déjà, alors qu'il les utilise dans des sculptures qu'il qualifie d'acoustiques, réalisées à Ozon, petit village des Pyrénées où il séjourne au début des années quarante. A propos de ce phénomène des formes acoustiques, dans un article intitulé «espace indicible», il explique : «action de l'œuvre (architecture, statue ou peinture) sur l'alentour : des ondes, des cris ou des clameurs (le Parthénon sur l'Acropole), des traits jaillissant comme par un rayonnement (...) ; le site, proche ou lointain, en est secoué, dominé ou caressé (...). Toute l'ambiance vient peser sur ce lieu où est une œuvre d'art, signe d'une volonté d'homme, lui impose ses profondeurs ou ses saillies, ses densités dures ou floues, ses violences ou ses douceurs. Un phénomène de concordance se présente, exact comme une mathémathique – véritable manifestation d'acoustique plastique – » (9). «Phénomène de concordance», certes, entre la chapelle et le paysage environnant, «manifestation d'acoustique plastique» dans ses formes sculpturales. Dès le voyage en Orient de 1911, le choc de l'Acropole lui révèle la force du rapport entre l'architecture et le site ; il note que les temples sont la «raison du paysage», entendant par là que les temples, création de l'homme, marquent l'ensemble du site de leur présence ; la forme géométrique du temple, œuvre de culture, vient ordonner la nature, rassembler les lignes du paysage, «l'assujettir», lui donner une «raison». Plus tard, lorsqu'il emploie à propos de Ronchamp le terme «d'acoustique plastique», il applique

the site, which architecture endows with structure. The building draws together the contours of the surrounding hills, gathers the horizons around it and gives a new existence to the site it modulates, redefining it by initiating a dialogue between architectural forms and the landscape: "studying the effect of architecture within a site, I will show here that the outside is always an inside", he stated.

Volumes Bathed in Light

At a conference held in Rome in 1936, Le Corbusier restated the formulation, subsequently to become so famous, with which he had introduced the first of his "three reminders to architects" in 1920 and had published in *Vers une architecture*: "architecture is the masterly, correct and magnificent play of volumes brought together in light…". He commented at length on this concept of play or *jeu* and explained: "the notion of play thus implies an unlimited personal intervention, as this *jeu* must be played out by each individual in the presence of the object. The idea of play affirms the existence of its creator, he who laid out its rules and thus inscribed in this object a formal and discernible intention" (10). This play of forms is not merely aesthetic entertainment. It is intended to be not only seen but also lived, and this concept allows one to understand the "architectural intention" it evokes. He adds: "intention: a human being, on the one hand, with a gestating idea, which he exteriorises for those who look, live and experience – in other words once again a human being, another human being and so on. Thus architecture needs a human language" (11).

cette notion d'un rapport radical au site, que l'architecture vient structurer. Le bâtiment rassemble les lignes des collines environnantes, ramasse autour de lui les horizons, donne une existence nouvelle à ce lieu qu'il vient qualifier, redéfinir en instaurant un dialogue entre les formes et le paysage : «considérant l'effet d'une architecture dans un site, je montrerai ici que le dehors est toujours un dedans» affirme-t-il.

Des volumes sous la lumière

Dans une conférence donnée à Rome en 1936, Le Corbusier reprend la désormais célèbre formule qui introduit le premier de ses «trois rappels à messieurs les architectes», lancés en 1920 et publiés dans «Vers une architecture» : «l'architecture est le jeu savant, correct et magnifique des volumes assemblés sous la lumière….» . Il commente longuement cette notion de jeu et explique : «la notion de jeu impliquait donc le fait d'une intervention personnelle illimitée, puisque le jeu doit se jouer par toute personne mise en présence de l'objet. Cette notion de jeu affirmait l'existence du créateur du jeu, de celui qui avait fixé la règle, qui, par conséquent, avait inscrit dans cet objet une intention formelle et discernable» (10). Aussi, le jeu des formes n'est pas seul divertissement esthétique. Il n'est pas simplement destiné à être vu, mais à être vécu ; et cette notion permet de comprendre «l'intention architecturale» qu'il évoque. Il ajoute encore : «intention : un homme d'un côté avec une idée en gestation qu'il extériorise à destination de ceux qui regardent, habitent ou subissent, c'est-à-dire de nouveau un homme, un autre homme et ainsi de suite. Il faut donc un langage humain à l'architecture» (11).

For Le Corbusier it is indubitably light which links the terms of language expressed in an architectural work: "As you can imagine, I use light freely; light for me is the fundamental basis of architecture. I compose with light" (12). Light sources are used sparingly but their positioning is of capital importance when defining the interior volumes. In the chapel, the architect organised a spatial scenography, arranged in the most detailed fashion, within which light plays with the forms and the materials and animates the space by creating a different mood at different times of day and in different seasons. Light is the material *par excellence* with which he composed to create an area of shadowy light or intense brightness, depending on the particular moment. This most impalpable of materials is tamed and brought into the play of architectural forms, within which it is reserved a leading role.

Light in fact takes the lead, qualifying the space and lending a spiritual dimension to the edifice. For example, the building's vital core, the altar, the "bare sacrificial stone" is emphasised by the harmony of light entering at intervals. The high altar is framed both by the organisation of space, which spreads out and opens up to the east at this point, and by the way in which shafts of light penetrate this side of the chapel. The light is "regulated" to draw attention to the altar side of the building and the choir wall, which is pierced by a number of openings. Here light is admitted through a number of small concealed apertures and through the opening in the wall surface, where the statue of the Virgin is embedded; rays of light also pierce through the *brise-lumière* above the eastern door and through the thin gap beneath the roofing. When it is very bright outside in the morning the choir is flooded with light,

Pour Le Corbusier, ce qui relie les termes du langage traduit à travers l'œuvre architecturale est incontestablement la lumière : «j'use, vous vous en êtes douté, abondamment de la lumière. La lumière est pour moi l'assiette fondamentale de l'architecture. Je compose avec la lumière» (12). Les sources lumineuses sont distribuées avec parcimonie mais leur disposition est capitale dans la définition des volumes intérieurs. L'architecte organise dans la chapelle une scénographie spatiale, minutieusement réglée, où la lumière joue avec les formes et le matériau, anime l'espace en créant une ambiance différente selon les heures de la journée et selon les jours de l'année. La lumière est le «matériau» par excellence avec lequel il compose afin de créer un lieu de pénombre ou d'intense clarté, selon le moment. Ce matériau des plus impalpables, l'architecte l'apprivoise pour le faire entrer dans le jeu architectural où il lui donne le rôle primordial.

C'est en effet la lumière qui mène le jeu, qualifie l'espace et donne à la construction sa dimension spirituelle. C'est par exemple, par l'accord des arrivées ponctuées de lumière que l'accent est mis sur le centre vital de l'édifice, la pierre d'autel, «pierre vive du sacrifice». Le maître-autel est mis en valeur à la fois par l'organisation de l'espace – qui se dilate et s'ouvre en son endroit, à l'est – et par la manière dont les rayons lumineux pénètrent de ce côté de la chapelle. En effet, la lumière est «réglée» de façon à ce que l'attention se porte sur le côté où se trouve l'autel, vers le mur du chœur où sont percées quelques trouées. A cet endroit, elle jaillit à la fois par les petits orifices disséminés et par l'ouverture percée dans la paroi et où se détache la silhouette de la statue de la Vierge ; des rayons lumineux proviennent aussi des brise-lumière situés au-dessus de la

accentuating the outline of the elements it contains: altar, cross and candelabra. On the south side, the fall of light on the splays of the wall openings is precisely calculated to regulate the lighting of the nave. The intensity of light alters with the movement of the sun and is strongest in the early afternoon. The size of the windows, as well as the depth and direction of the splays, varies from one opening to another; consequently, sunlight is admitted at different angles and with varying degrees of brightness at diverse points along the south wall; by way of this, the building is lit in different ways, depending on the time of day, and this contributes to the richness of the spatial composition.

Similarly, the carefully calculated fall of light in the side chapels, regulated by the *brise-lumière* system, is instrumental in defining the interior volumes. Light enters through the periscope-shaped shaft and is subdued as it strikes the blades of the light shield; it is projected onto the grainy surface of the walls and finally, filtered and softened, falls onto the austere stones of the altar. Each of the towers of the side chapels is lit differently; the main south-west tower is bathed in a northerly light and is thus lit constantly, whereas the light falling on the two small twin towers on the northern side, one turned to the east and the other to the west, varies with the movement of the sun. This means that the play of light and shadow on the stippled walls and on the altar stone changes during the course of the day. Through these permutations, light breathes life into the building and alters its appearance according to the time and the day.

The role of light in constructing the space of the chapel is most marked in the gap beneath the massing of the roof, above the south and east walls. This narrow slit

porte-est et du mince intervalle sous la toiture. Lorsque la clarté est très vive, le matin, la lumière inonde le chœur et accentue la silhouette des éléments qui s'y trouvent, autel, croix, chandelier.

Du côté sud, c'est par un calcul précis de la retombée des rayons lumineux sur les ébrasements des alvéoles qu'est contrôlé l'éclairage de la nef. L'intensité varie en fonction de la course du soleil et elle est la plus vive au début de l'après-midi. La surface des vitrages, de même que la profondeur et la direction des ébrasements, étant différente d'une ouverture à l'autre, les rayons solaires ne pénètrent pas avec une intensité égale ni selon le même angle en ces différents points du mur sud ; la luminosité varie ainsi au fil de la journée et donne toute sa richesse à la composition spatiale.

De même, dans les chapelles secondaires, la diffusion calculée de la lumière naturelle, grâce à des brise-lumière, participe à la définition des volumes intérieurs. La lumière arrive par le puits en forme de périscope, se heurte aux lames des brise-lumière qui l'atténuent ; elle se projette sur les parois granuleuses des murs et retombe, tamisée et adoucie, sur les austères pierres d'autel. Les trois tours des chapelles secondaires reçoivent chacune un éclairage différent : la grande tour sud-ouest accueille la lumière du nord et elle est en conséquence éclairée de façon constante ; les deux petites tours jumelles, sur le côté nord, orientées l'une vers l'est, l'autre vers l'ouest, reçoivent une luminosité qui varie en fonction de la course du soleil. Ainsi, les jeux de l'ombre et de la lumière sur les parois crépies et sur la pierre de l'autel se modifient au fil des heures et la lumière insuffle de ce fait une véritable vie à l'intérieur de l'édifice.

South wall and entrance to one of the side chapels

Le mur sud et l'entrée d'une chapelle secondaire

is not visible from the exterior, but from the interior it "astonishes", as the architect liked to say. Light proves here to be a means of organising space and emphasising the dynamic forms of the building. This thin shaft of light establishes a subtle link between exterior and interior volumes and underscores the image of the roof shell as a full sail. Without this luminous sliver of light, the mass of the roof covering would appear overpowering or even oppressive. The design of the load-bearing structure enabled this shell to be almost entirely freed from the south and east walls; these few centimetres of light radically transform the space, an effect achieved by the fact that the roof appears to "hover".

Here direct sources of lighting are employed to give prominence to a volume or a form such as the roof covering, emphasised by the slit of light, or the elements in the choir (altar, cross) which are accentuated by the openings pierced in the eastern wall. Light also enters directly through the windows in the south wall, but is subdued by the depth of the splays, thus diffusing only a scant supply of light inside.

Conversely, in order to create a twilight mood at certain times of day with more diffuse lighting, indirect light sources are used, such as the strips of openings above the side doors or the *brise-lumière* in the towers of the side chapels.

This almost scenographic organisation of the play of light and shadow is the key to the interior composition, engendering an atmosphere of meditation and spirituality within this sacred building. When colour is added, as in the north chapel lit from the east, the space becomes truly theatrical: "This is always the problem of lighting (…): it is the walls which receive the

Là où son rôle est le plus étroitement lié à la construction de l'espace, c'est dans l'intervalle laissé libre sous la masse du toit, au-dessus des murs est et sud. Ce fin liseret de jour n'est pas visible du dehors, mais par contre à l'intérieur, il «provoque l'étonnement» comme se plaît à le dire l'architecte. La lumière se révèle ici dispensatrice d'espace et amplifie le caractère dynamique des formes. Ce filet de jour établit un lien ténu entre les volumes intérieurs et l'extérieur et accentue l'aspect de voile gonflée de la coque du toit. Sans ce rai lumineux, la masse de la couverture serait écrasante, voire oppressante. Mais la conception de la structure porteuse permet de dégager cette coque presque totalement des murs situés au sud et à l'est et ces quelques centimètres de jour transforment radicalement l'espace, la couverture semblant de ce fait «reposer dans les airs».

L'architecte utilise ainsi des sources directes de lumière lorsqu'il s'agit de souligner un volume ou des formes, comme la couverture du toit, grâce au liseret de jour, ou les éléments contenus dans le chœur (autel, croix) grâce aux ouvertures percées dans le mur à l'est. La lumière pénètre aussi directement par les vitrages du mur sud, mais elle est atténuée par la profondeur des ébrasements et répartie parcimonieusement.

Par contre, lorsqu'il souhaite éclairer de façon plus diffuse certains points de l'édifice, en créant une atmosphère de pénombre à certains moments de la journée, il imagine des arrivées indirectes de lumière, comme les ouvertures lamellaires au-dessus des portes secondaires, ou les brise-lumière dans les tours des chapelles secondaires.

L'organisation quasi scénographique des jeux d'ombre et de lumière est la clef de

Entrance to the side chapel in the south
L'entrée de la chapelle secondaire au sud

light, it is the walls which are lit up. Emotion is awakened by what the eye sees…" (13).

Light emerges here as a fundamental means of expression. It is employed as a "material" and models the volumes, affirming the full solidity of the material used. The psychological potential of light is also exploited to the full, conveying joy, exaltation or tranquillity, inviting prayer or meditation. Light plays with the forms and initiates an interaction of these forms; it is truly the organising component within the "masterly, correct and magnificent play".

Colour

"Everything is white, inside and out", wrote the architect (14). However, the brightness of the whitewash is heightened by several vivid touches of colour, such as those splashed on the enamelled door to the south. Both inside and outside the chapel, colour is present to accentuate the white stippled surfaces, against which the colour stands out sharply: "in order to truly perceive white, carefully ordered polychrome forms must also be present", commented the architect as early as his famous *Voyage en Orient* (15). For Le Corbusier, colour, far from being purely decorative "confers space"; it bestows an extra spatial dimension on the composition and, together with light, contributes to defining an architectural locus and creating various atmospheres.

In the chapel Le Corbusier played with colour on two different levels: at times it creates a particular atmosphere in certain places (the violet wall adjacent to the sacristy or the red side chapel), whereas elsewhere it vitalises keynotes within the scheme (doors, windows and

cette composition intérieure et elle est génératrice de l'atmosphère de recueillement et de spiritualité régnant dans l'édifice sacré. Associée à la couleur, comme dans la chapelle nord éclairée à l'est, elle crée une véritable théâtralisation de l'espace : «Le problème de l'éclairage est toujours celui-ci (…) : ce sont des murs qui reçoivent une lumière, ce sont des murs éclairés. L'émotion vient de ce que les yeux voient…» (13).

La lumière se révèle ici moyen d'expression fondamental. Elle est utilisée comme un «matériau» et modèle les volumes, accordant toute sa densité à la matière ; elle est aussi exploitée dans sa capacité à être douée d'une fonction psychologique, et selon sa qualité et son intensité, elle exprime la joie, l'exaltation, ou la quiétude, invite à la méditation et à la prière. La lumière joue avec les formes et fait jouer les formes entre elles, elle est véritablement l'organisatrice du «jeu savant, correct et magnifique»…

La couleur

«Tout est blanc dehors et dedans» écrit l'architecte (14). Mais l'éclat du blanc de chaux est rehaussé par quelques touches de couleurs vives, telles celles réparties sur la porte émaillée, au sud. Tant à l'intérieur qu'à l'extérieur de la chapelle, la couleur est là pour mettre en valeur le crépi blanc sur lequel elle se détache avec intensité : «…pour que le blanc soit appréciable, il faut la présence d'une polychromie bien réglée», remarque déjà l'architecte à l'occasion du Voyage en Orient (15). Pour Le Corbusier, la couleur, loin de n'avoir qu'un simple rôle décoratif est «apporteuse d'espace» ; lorsqu'elle recouvre une surface, elle confère à l'espace une autre dimension et contribue, avec la lumière, à la définition du lieu architectural et à la création d'ambiances.

Interior of the calotte for the side chapel in
the south

L'intérieur de la calotte de la chapelle secondaire au sud

tabernacle). Colour provides an emphasis in architecture in the same way as in sculpture or painting, and thereby highlights a particular element, such as the eye-catching enamelled door.

Apart from the south door, the only colour on the outside of the building is in the surfaces of the recess in the east (painted in red, yellow and green) which houses the effigy of the Holy Virgin, and the two entrance doors to the functional rooms in the north: one door is red, the other green, colours which are taken up again in the splays of the secondary entrance door on the same side of the building. Together with the structural opening, the other openings sparsely distributed across the facade and the oblique lines of the ramps, these two coloured rectangles form a composition which vitalises the north wall.

Within the building, just as for the exterior, colour is used sparingly to highlight the whiteness of the walls; this can be perceived in the enamelled details (door and tabernacle) and, most centrally, in the coloured glass along the base of the openings in the south wall. These glass windows indisputably contribute as much as light to the chapel's atmosphere. The architect chose to create subtle effects by funnelling shafts of light through coloured glass: these rays, softened by this filtering system, reflect on the splays of the wall openings and create coloured shadows in delicate hues on the roughly plastered surface: pale pinks, greens and blues, tones that change as the light becomes brighter or grows dimmer and as the sun shifts in the sky. Le Corbusier had considered painting some of these splays and this project is illustrated in a drawing of the south wall interior elevation made with glued coloured paper; however, using

Dans la chapelle, Le Corbusier joue de la couleur sur deux registres : tantôt, il l'emploie pour provoquer une atmosphère particulière en certains endroits (mur violet, adjacent à la sacristie, ou chapelle secondaire rouge), tantôt il l'utilise en jetant quelques notes vives en des points-clés (portes, vitrages, tabernacle). La couleur peut être la touche qui marque un accent dans l'architecture, au même titre que les objets plastiques et elle souligne alors un élément, comme la porte émaillée qui attire le regard du visiteur.

A l'extérieur, les seules touches colorées, outre la porte sud, sont les parois de la niche de la Vierge, à l'est, peintes en rouge, vert et jaune, et les deux portes d'accès aux pièces de fonction, au nord. Elles sont également peintes l'une en rouge, l'autre en vert, couleurs qui se retrouvent encore sur les ébrasements de la porte d'entrée secondaire, du même côté. Ces deux rectangles forment, avec la baie, les quelques ouvertures et les lignes obliques des rampes une composition qui anime la paroi nord.

Comme à l'extérieur, à l'intérieur de la chapelle, les touches de couleur sont distribuées parcimonieusement et mettent en valeur la blancheur des parois : ce sont les éléments en émail (porte et tabernacle), et, de manière essentielle, les verres colorés répartis au fond des alvéoles du mur sud. C'est sans conteste dans ces quelques vitrages que la couleur, alliée à la lumière, se révèle aussi précieuse pour l'atmosphère de la chapelle. L'architecte a choisi de créer des effets raffinés en laissant jouer les rayons lumineux au travers des verres colorés ; ils se réfléchissent, atténués, sur les ébrasements des alvéoles, en provoquant sur les rugosités du crépi des ombres colorées aux nuances délicates : des roses, des verts et des bleus pâles, teintes qui

light to create coloured reflections seemed preferable to him and this is thus the approach he adopted.

Colour can also modify an architectural space or indeed completely transform it. In creating an atmosphere, colour plays an active part and was employed in this work by the architect to characterise certain points of the interior space: here colour is not a mere addition, but rather an element of the architecture itself, or indeed still more, for it is a functional component of the architecture, understood and employed for its spatial value and psychological impact.

The places where colour is utilised to create an architectural polychromy – in other words, in the north of the building, on the wall adjacent to the sacristy and in one of the side chapels – are not visible from the nave and the visitor must walk further on before they come into view. The whole of the inside wall of the side chapel in the east is covered with a deep carmine red, bestowing an almost dramatic dimension on this space. The ultra-dark violet employed on the wall adjacent to the sacristy causes the wall to dissolve into the shadows and this cold colour, suggestive of Lent, also refers to the Christian notion of sacrifice. Here the architect drew on the symbolic and emotional potential of colour as well as on its spatial qualities. He described in the following terms the key role he ascribed to colour throughout his work: "in architecture, polychromy is as powerful a tool as the plan and the section…it seizes hold of the whole wall and gives it an extra quality, be it the power of blood, the freshness of the prairie, the brightness of sunlight or the depth of the sea and the sky. So many different forces at one's fingertips! It is pure dynamism, as I might say with equal justification were I writing

varient en fonction de l'intensité de la lumière et de la course du soleil. Il avait tout d'abord envisagé de peindre quelques-uns de ces ébrasements et un dessin d'élévation intérieur du mur sud, avec des papiers de couleur collés, montre ce projet ; mais, utiliser la lumière pour créer, par réverbération, des reflets colorés, lui semble préférable et il choisit d'adopter cette idée.

La couleur peut aussi modifier un espace architectural, voire le transformer totalement. Elle contribue activement à la création d'une ambiance et l'architecte l'utilise pour caractériser certains endroits de l'espace intérieur. Elle n'est pas un simple additif mais un élément-même de l'architecture. Plus encore, elle en est un élément fonctionnel lorsqu'elle est comprise et utilisée en raison de sa valeur spatiale et de son impact psychologique.

Les endroits où la couleur intervient pour créer une véritable polychromie architecturale – c'est-à-dire au nord, sur le mur adjacent à la sacristie et dans l'une des chapelles secondaires – ne sont pas visibles depuis la nef, et leur appréhension nécessite le déplacement du visiteur. Ainsi, toute la paroi intérieure de la chapelle secondaire, orientée à l'est, est couverte d'un rouge carmin profond, qui donne à cet espace une dimension quasiment dramatique. Pour le mur adjacent à la sacristie est utilisé un violet très sombre, qui fait se fondre le mur dans la pénombre, couleur froide du temps de carême qui se réfère aussi au sacrifice chrétien. Autant qu'à ses qualités spatiales, c'est ici aux qualités symboliques et émotionnelles de la couleur que l'architecte fait appel. Il s'explique sur le rôle capital qu'il lui attribue, dès le début de ses activités, en ces termes : «la polychromie, aussi puissant moyen de l'architecture que le plan et la

of dynamite. When a wall is blue, it escapes our grasp; when it is red it is dominant…" (16).

Music

Music is another component in the architectural symphony created for Ronchamp: "I have one more idea to bring Ronchamp to perfection, and that is that there should be music (even if there were no one to hear it) – automatic music coming from the chapel at regular hours, addressing, inside and outside, the unknown occasional listener" (17). Whilst the chapel was under construction, Le Corbusier devised a musical project for the building with Edgar Varèse. A separate bell tower was to stand on the northern side of the building, but in the final version this became a simple support structure for the bells. The planned tower was to be a metal structure into which floors could be inserted to hold "sonorous machines producing a new style of electronic broadcast". The architect wanted there to be "musical moments" for the chapel's inauguration, with concrete music and sacred music, and had selected work by Olivier Messiaen for the occasion; however, clerical opposition meant that this musical project could not go ahead.

"But where does sculpture begin, where does painting commence, where does architecture start? (…) within the very body of the plastic event, everything forms a whole: sculpture, painting, architecture; volumes (spheres, cones, cylinders etc.) and polychromy, in other words, materials, quantities, specific consistencies, assembled into relationships that arouse our emotions" (18). There is a particular resonance between these words and the completed chapel.

coupe… elle s'empare du mur entier et le qualifie avec la puissance du sang, ou la fraîcheur de la prairie, ou l'éclat du soleil, ou la profondeur du ciel ou de la mer. Quelles forces disponibles! c'est de la dynamique comme je pourrais écrire de la dynamite tout aussi bien. Si le mur est bleu, il fuit ; s'il est rouge, il tient le plan, ou brun… » (16).

La musique

Dans la symphonie architecturale créée à Ronchamp, intervient un autre élément, la musique :«il me reste encore une idée pour parachever Ronchamp c'est que la musique vienne (sans auditeur s'il le fallait même), la musique automatique émanant de la chapelle à des heures régulières et s'adressant au dedans comme au dehors, à l'auditeur inconnu éventuel» (17). Au cours de la réalisation de la chapelle, Le Corbusier avait conçu un projet d'animation musicale, avec la collaboration d'Edgar Varèse. Le campanile qui devait être édifié sur le côté nord, et qui en définitive sera remplacé par un simple support de cloches, se composait d'une structure métallique pouvant recevoir des planchers qui devaient supporter des «machines sonores destinées à réaliser un nouveau style d'émission électronique». Pour l'inauguration de la chapelle, l'architecte souhaitait des «moments musicaux», faits de musique concrète et de musique sacrée et avait choisi pour l'occasion l'œuvre d'Olivier Messiaen ; l'opposition du clergé empêcha la réalisation du projet musical.

«Mais où commence la sculpture, où commence la peinture, où commence l'architecture? (..) dans le corps-même de l'événement plastique, tout n'est qu'unité : sculpture, peinture, architecture ; volumes (sphères, cônes, cylindres

Ronchamp emerges as a total work of art which harmoniously integrates diverse elements within a sculptural ensemble. The architect wished to achieve a particular effect through plastic forms; this is punctuated by colour, with musical accompaniment adding the finishing touch to the *jeu symphonique*. The chapel is a built work yet also an expressive *œuvre*, a product of the techniques and materials of the constructed framework yet also a poïesis, a poetic masterpiece that explores various forms of expression. It seeks to be a temple for a synthesis of the arts, just as cathedrals sought to be a melting pot merging the arts and technical skill. This edifice expresses the extent to which architecture can serve as a platform for lyricism, the language in which Le Corbusier strove to engender what he called the "poetic moment": "Painting, architecture, sculpture are unique phenomena of plastic nature in the service of poetic research in that they are capable of releasing the poetic moment" (19).

etc..) et polychromie, c'est-à-dire des matières, des quantités, des consistances spécifiques, assemblées dans des rapports d'une nature émouvante» (18). Ces mots trouvent un écho tout particulier avec la réalisation de la chapelle. Ronchamp s'avère œuvre d'art total où tous les éléments s'intègrent de façon harmonieuse à un ensemble sculptural, où la couleur vient ponctuer l'intention plastique, où l'animation musicale vient compléter le «jeu symphonique». La chapelle est ouvrage construit mais aussi œuvre expressive, produit des techniques et des matériaux du cadre bâti, mais aussi poïesis, travail poétique qui explore plusieurs formes d'expression. Elle se veut le temple de la synthèse des arts, au sens où la cathédrale se voulait creuset dans lequel arts et techniques fusionnent. Ce bâtiment exprime combien l'architecture peut être support de lyrisme, langage par lequel Le Corbusier cherche à provoquer ce qu'il appelle le «moment poétique» : «Peinture, architecture, sculpture sont un unique phénomène de nature plastique au service des recherches poétiques ou capables de déclencher le moment poétique» (19).

Ronchamp: A Manifesto

Une œuvre manifeste

The Chapel of Notre-Dame-du-Haut at Ronchamp stands as a manifesto within contemporary religious architecture; firstly because it breaks with the past (questioning the traditional plan and the concept of the "place of elevation"), and secondly because it offers the religious edifice the chance to act as an exploratory field for the plastic arts. The chapel can without doubt also be perceived as a manifesto within Le Corbusier's architectural works themselves, since it symbolises a synthesis of his research and fundamental concerns.

As mentioned at the beginning of this work, the newly-completed chapel provoked a great deal of reaction when it was first built – from historians, critics, and the public alike. Art historian Nikolaus Pevsner for example, termed the chapel "the most debated monument of new irrationalism". This construction was received with all the more stupefaction in view of the apparently incongruous place it held amongst the other works of the *poète de l'angle droit*, and critics immediately labelled it "Baroque". This was a somewhat hasty judgement, especially given that far from being a "fringe piece" of Le Corbusier's work, it is in fact the fruit of the architect's research into space and forms, his study of light and materials, and his ideas for a synthesis of the arts.

Critics were eager to read into this building a radical shift in Le Corbusier's discourse. However, while the structure forms part of the organic stream of thought that characterised architecture during the Fifties, the vocabulary evoked in its forms is by no means foreign to Le Corbusier's language: on the contrary, it can be perceived throughout all of the architect's works pre-dating Ronchamp. One need only look at his paintings from

Dans l'architecture religieuse contemporaine, la chapelle de Ronchamp tient la place d'un manifeste, par la position de rupture qu'elle occupe (remise en cause du plan traditionnel et de l'espace ascensionnel) et par la fonction qu'elle offre à l'édifice religieux, comme lieu d'expérimentation et d'expression plastique. Elle représente aussi une œuvre-manifeste dans la production de Le Corbusier où elle symbolise une synthèse de ses recherches et de ses conceptions fondamentales.

A l'époque de sa réalisation, la chapelle a suscité, comme nous le disions au début de cet ouvrage, de vives réactions de la part des historiens, du public et de la critique. L'historien de l'art Nikolaus Pevsner, par exemple, avait qualifié la chapelle de «monument le plus discuté du nouvel irrationnalisme». Cette construction avait été accueillie avec stupéfaction tant elle semblait incongrue dans la production du poète de l'angle droit et la critique s'était empressée de parler de «baroquisme». Jugement quelque peu hâtif, puisque loin d'être une œuvre en marge de sa production, elle se révèle le fruit des recherches formelles et spatiales de l'architecte, de ses recherches sur la lumière, sur le matériau, et de sa conception d'une synthèse des arts.

La critique a voulu y voir une mutation radicale dans le langage de Le Corbusier. Si le bâtiment s'inscrit dans un courant d'architecture organique propre à la période des années cinquante, le langage exprimé dans ses formes n'est pas étranger au vocabulaire de l'architecte et il est en fait latent dans l'ensemble de son œuvre. Il suffit d'évoquer sa production picturale dès la fin des années vingt (alors qu'il introduit des objets organiques, «à réaction poétique» dans ses natures mortes) ou la production sculptu-

the end of the Twenties onwards (when he began to introduce organic objects *à réaction poétique* into his still lifes), and his sculptures from the Forties onwards (when he started to associate "acoustic" forms in his works); such an analysis would bear witness to the genesis of a language resulting from endless research into form.

Within the design scheme for the chapel at Ronchamp, plasticity is not the product of pure fantasy; instead it highlights the sensory aspects of spatial elements; the apparent irrationality of the forms mirrors the irrationality of religion and the spiritual world. Inventing and renewing the formal language was not intended simply as an intellectual game or exercise in style; rather it signals a permanent questioning — one of the major symbolic functions conferred upon the chapel. Ronchamp incarnates an exploration into the plastic arts and embodies the act of transcribing poetic sentiments into an architectural *œuvre*. Although the poetic phenomenon, generator of emotions, is always present in Le Corbusier's works, it would seem to be at its most intense in this building. It would be interesting at this juncture to refer to *Vers une architecture* and to read several comments that uncannily recall the chapel at Ronchamp, built several decades later: "...architecture, which is a matter of plastic emotion, should (...) use those elements which are capable of affecting our senses and of rewarding the desire of our eyes (...); these elements are plastic elements, forms which our eyes see clearly and which our mind can measure. These forms, elementary or subtle, tractable or brutal, work physiologically upon our senses (sphere, cube, cylinder, horizontal, vertical, oblique etc.) and excite them. (...) Certain relationships are thus born which work upon our

rale des années quarante (où il associe entre elles des formes «acoustiques»), pour saisir la genèse d'un langage comme résultante d'une incessante recherche sur la forme.

Dans ce projet, l'invention plastique, loin de procéder d'une pure fantaisie, sert à mettre en valeur les composantes émotionnelles de l'espace et l'apparent irrationnalisme des formes n'est que la retranscription de l'irrationnalisme de la religion et du monde spirituel. L'invention et le renouvellement du langage formel ne sont pas pur jeu intellectuel, exercices de style ; c'est l'indication d'une remise en question permanente dont la chapelle se fait le symbole ; Ronchamp est l'expression même d'un langage plastique original et de la matérialisation du sentiment poétique traduit dans l'œuvre architecturale. Si le phénomène poétique, générateur d'émotion, n'est jamais absent, chez Le Corbusier, de l'intention architecturale, son interprétation semble ici traduite avec la plus grande intensité. Il est significatif, en parcourant «Vers une architecture», d'y lire ces propos qui trouveront une résonance étonnante, quelques décennies plus tard, dans la chapelle de Ronchamp : «... l'architecture, qui est chose d'émotion plastique doit (...) employer les éléments susceptibles de frapper nos sens, de combler nos désirs visuels (...); ces éléments sont des éléments plastiques, des formes que nos yeux voient clairement, que notre esprit mesure. Ces formes, primaires ou subtiles, souples ou brutales, agissent physiologiquement sur nos sens (sphère, cube, cylindre, horizontale, verticale, oblique, etc..) et les commotionnent. (...) Alors naîtront certains rapports qui agissent sur notre conscience et nous mettent en état de jouissance (consonance avec les lois de l'univers qui nous gèrent et auxquelles tous nos actes s'assujetissent),

perceptions and put us into a state of satisfaction (in consonance with the laws of the universe which govern us and to which all our acts are subjected), in which man can employ fully his gifts of memory, of analysis, of reasoning and of creation (...)".

"Architecture is a thing of art, a phenomenon of the emotions, lying outside questions of construction and beyond them. The purpose of construction is to make things hold together; of architecture to move us. Architectural emotion exists when the work rings within us in tune with a universe whose laws we obey, recognize and respect. When certain harmonies have been attained, the work captures us. Architecture is a matter of 'harmonies', it is a 'pure creation of the spirit'" (1).

où l'homme use pleinement de ses dons de souvenir, d'examen, de raisonnement, de création (...) ».

«L'architecture est un fait d'art, un phénomène d'émotion, en dehors des questions de construction, au-delà. La construction, c'est pour faire tenir ; l'architecture, c'est pour émouvoir. L'émotion architecturale, c'est quand l'œuvre sonne en vous au diapason d'un univers dont nous subissons, reconnaissons et admirons les lois. Quand certains rapports sont atteints, nous sommes appréhendés par l'œuvre. Architecture, c'est ‹rapports›, c'est ‹pure création de l'esprit›» (1).

Notes

Notes

Foreword

(1) Le Corbusier, Œuvre complète, Volume 6, Introduction, p. 8.

(2) Le Corbusier, Ronchamp, Les carnets de la recherche patiente, sketchbook No. 2, Zürich, Girsberger 1957; translated into English by Jacqueline Cullen as: The Chapel at Ronchamp.
Le Corbusier, Textes et dessins pour Ronchamp (place not given), Forces Vives, 1965; translated into English as: Texts and Sketches for Ronchamp.
Jean Petit, Ronchamp, cahiers Forces Vives (place not given), Desclée de Brouwer, 1956.
Jean Petit, Le Livre de Ronchamp (place not given), Editec, 1961.

(3) Author's note: For the purpose of this guide, I have made reference to a work published in 1980 based on a university project I had undertaken some years previously. The Fondation Le Corbusier kindly gave me access to its archive collection, where at the time, the plans, drawings, documents, sources of iconography etc. had been stored in chests by the employees of the atelier. Under the direction of the curator, Françoise de Franclieu, I embarked on the task of identifing and classifying these documents, a fascinating project for a young researcher. This contact with the untouched documentation as it had originally been compiled by Le Corbusier or one of his colleagues, the possible links between a certain sketch, note, source or particular drawing perhaps a few years older, the order in which these documents had been left, all this provided us with extremely important information on the genesis of the project, on the mystery

Avant-propos

(1) Le Corbusier, Œuvre complète, Volume 6, Introduction, p. 8.

(2) Le Corbusier, Ronchamp, Les carnets de la recherche patiente, carnet N°2, Zürich, Girsberger, 1957.
Le Corbusier, Textes et dessins pour Ronchamp, s.l., Forces Vives, 1965.
Jean Petit, Ronchamp, cahiers Forces Vives, s.l., Desclée de Brouwer, 1956.
Jean Petit, Le livre de Ronchamp, s.l., Editec, 1961.

(3) Note de l'auteur : «Pour réaliser ce guide, je me suis référée à un ouvrage publié en 1980, résultat d'un travail universitaire que j'avais entrepris quelques années auparavant. La Fondation Le Corbusier m'avait ouvert ses fonds d'archives, c'est-à-dire à l'époque, les caisses dans lesquelles avaient été rangés, par les collaborateurs de l'atelier, les plans, dessins, documents, sources iconographiques, etc... J'avais entrepris, sous la direction du conservateur, Françoise de Franclieu, un travail d'identification et de classement de ces documents, tâche qui s'avérait passionnante pour un jeune chercheur. Ce contact avec le document à l'état brut, laissé tel quel par le maître ou par un collaborateur, l'association possible entre tel croquis, telle note, telle source, avec tel autre dessin parfois antérieur de plusieurs années, l'ordre dans lequel étaient laissés ces documents, nous offrait les renseignements des plus précieux sur la genèse du projet, sur le mystère de la création architecturale, et sur cette ‹longue recherche patiente› dont se plaît à nous parler Le Corbusier.» Voir Danièle Pauly, Ronchamp, lecture d'une architecture, Apus/Ophrys, Paris, 1980, rééd.1987.

of the architectural creation, and on this "long and patient search" which played such a crucial role in Le Corbusier's architectural process.
See Danièle Pauly, Ronchamp, lecture d'une architecture, Apus/Ophrys, Paris 1980, republished in 1987.

(4) Le Corbusier, Sainte alliance des arts majeurs ou le grand art en gésine, in: Architecture d'Aujourd'hui, No. 7, July 1935, p.86.

Visiting and "Reading" the Building

(1) Lucien Belot, Manuel du pèlerin, Notre-Dame-du-Haut à Ronchamp, Lyons, Lescuyer, 1939.

(2) Jean Petit, Le Corbusier lui-même, Forces Vives, Rousseau, Geneva, 1970, p.184.

(3) Conference at the Reale Accademia d'Italia, Rome, 1936: "Les tendances de l'architecture rationaliste en relation avec la peinture et la sculpture" (typewritten text): FLC archives, published in: Architecture Vivante (7th series), Paris 1936, p.7.

(4) The Abbé Ferry, cited in Jean Petit, Le Livre de Ronchamp, op. cit., p.67.

(5) Texts and Sketches for Ronchamp, op. cit. (unpaginated).

(6) Interview in: Architecture d'Aujourd'hui, No. 96, special issue on religious architecture, June-July 1961, p.3.

(7) Maurice Besset, Qui était Le Corbusier ?, Skira, Geneva, 1968, p.98.

(8) Recorded conversation at La Tourette, in: Architecture d'Aujourd'hui No. 96,

(4) Le Corbusier, Sainte alliance des arts majeurs ou le grand art en gésine, dans Architecture d'Aujourd'hui, N°7, juil.1935, p.86.

Visite et lecture du bâtiment

(1) Lucien Belot, Manuel du pèlerin, Notre-Dame-du-Haut à Ronchamp, Lyon, Lescuyer, 1939.

(2) Jean Petit, Le Corbusier lui-même, Forces Vives, Rousseau, Genève, 1970, p.184.

(3) Conférence à la Reale Accademia d'Italia, Rome, 1936, «Les tendances de l'architecture rationaliste en relation avec la peinture et la sculpture» texte dactylographié, archives FLC, publiée dans l'Architecture Vivante, 7ème série, Paris, 1936, p.7.

(4) Abbé Ferry, cité dans Jean Petit, Le Livre de Ronchamp, op. cit., p.67.

(5) Textes et dessins pour Ronchamp, op. cit., s.p.

(6) Interview dans l'Architecture d'Aujourd'hui, N°96 spécial architecture religieuse, juin-juil. 1961, p.3.

(7) Maurice Besset, Qui était le Corbusier?, Skira, Genève, 1968, p.98.

(8) Conversation enregistrée à la Tourette, dans Architecture d'Aujourd'hui N°96, spécial architecture religieuse, juin-juil.1961, p.3.

(9) L'espace indicible, dans l'Architecture d'Aujourd'hui, N° spécial Art, 2ème trim. 1946, p.9.

special issue on religious architecture,
June-July 1961, p.3.

(9) "L'espace indicible" ("Ineffable
space") in: Architecture d'Aujourd'hui,
special Arts issue, 2nd quarter, 1946, p.9.

(10) Texts and Sketches for Ronchamp,
op. cit. (unpaginated).

History and Genesis of the Project

(1) Interview kindly accorded to the author by Canon Ledeur in March 1974.

(2) See: Journal de Notre-Dame-du-Haut,
No. 19, Dec.-Jan. 1966, p.6 for comments cited by the Abbé Bolle-Reddat.

(3) See note 1.

(4) Texts and Sketches for Ronchamp, op.
cit. (unpaginated).

(5) Le Corbusier, The Chapel at
Ronchamp, op. cit., p.89.

(6) Texts and Sketches for Ronchamp, op.
cit. (unpaginated).

(7) See note 1.

(8) FLC No. 7470.

(9) Sketchbook D 17.

(10) See "The design process".

(11) Sketchbook E18.

(12) Sketchbook E18.

(13) Architecture d'Aujorud'hui, special issue on Le Corbusier, April 1948, p. 44.

(10) Textes et dessins pour Ronchamp,
op. cit., s.p.

Histoire et genèse du projet

(1) Interview du chanoine Ledeur avec
l'auteur, en mars 1974.

(2) Propos cités par l'abbé Bolle-Reddat,
dans Journal de Notre-Dame-du-Haut,
N°19, déc.-janv.1966, p.6.

(3) Voir note 1.

(4) Textes et dessins pour Ronchamp, op.
cit., s.p.

(5) Le Corbusier, Ronchamp, les carnets
de la recherche patiente, op. cit., p.89.

(6) Textes et dessins pour Ronchamp, op.
cit., s.p.

(7) Voir note 1.

(8) FLC N°7470.

(9) Carnet D17.

(10) Voir § La démarche créatrice.

(11) Carnet E18.

(12) Carnet E18.

(13) Architecture d'Aujourd'hui, N° spécial Le Corbusier, avril 1948, p.44.

(14) Textes et dessins pour Ronchamp,
op. cit., s.p.

(15) Dossier «création Ronchamp»
(Archives FLC).

(16) Carnet E18.

(14) Texts and Sketches for Ronchamp, op. cit. (unpaginated).

(15) See the file "Création Ronchamp" (FLC archives).

(16) Sketchbook E18.

(17) Sketchbook E18.

(18) Note in the file "Création Ronchamp" (FLC archives).

(19) Sketchbook E18.

(20) Sketchbook E18.

(21) Sketchbook E18.

(22) See "The design process".

(23) Published in The Le Corbusier Archive, vol. XX, Garland Publishing/FLC, New York, 1983.

(24) "Les tendances de l'architecture rationaliste en relation avec la peinture et la sculpture", op. cit., p.7.

(25) Texts and Sketches for Ronchamp, op. cit. (unpaginated).

(26) Jean Petit, Le Corbusier lui-même, op. cit., p.30.

(27) L'Atelier de la recherche patiente, Paris, Vincent Fréal, 1960, p.37; translated into English by James Palmes as: Creation is a Patient Search, New York 1960.

(28) Lucien Belot, Manuel du pèlerin, op. cit.

(29) Maurice Besset, Qui était Le Corbusier? op. cit., p.7.

(17) Carnet E18.

(18) Note dans dossier «création Ronchamp» (archives FLC).

(19) Carnet E18.

(20) Carnet E18.

(21) Carnet E 18.

(22) Voir § La démarche créatrice.

(23) Publication dans The Le Corbusier Archive, vol.XX, Garland Publishing/FLC, New-York,1983.

(24) «Les tendances de l'architecture rationaliste en relation avec la peinture et la sculpture», op. cit., p.7.

(25) Textes et dessins pour Ronchamp, op. cit., s.p.

(26) Jean Petit, Le Corbusier lui-même, op. cit., p.30.

(27) L'Atelier de la recherche patiente, Paris, Vincent Fréal, 1960, p.37.

(28) Voir Lucien Belot, Manuel du pèlerin, op. cit.

(29 Maurice Besset, Qui était Le Corbusier? op. cit., p.7.

(30) Danièle Pauly, Ronchamp, lecture d'une architecture, op. cit., p.26 et p.57.

(31) Abbé René Bolle-Reddat, Le journal de Notre-Dame-du-Haut, déc.1971, p.4.

(32) Id., cité p.4.

(33) Jean Petit, Le Livre de Ronchamp, op. cit., p.18.

(30) Danièle Pauly, Ronchamp, lecture d'une architecture, op. cit., p.26 and p.57.

(31) The Abbé René Bolle-Reddat, Le journal de Notre-Dame-du-Haut, Dec. 1971, p.4

(32 Id., see p.4.

(33) Jean Petit, Le Livre de Ronchamp, op. cit., p.18.

(34) Note in the file "Création Ronchamp" (FLC archives); translation quoted from: The Chapel at Ronchamp op. cit. p.88.

(35) Note in the file "Création Ronchamp" (FLC archives).

(36) "Cinq questions à Le Corbusier" in: Zodiac, No. 7, 1960, p.50.

(37) Maurice Besset, Qui était Le Corbusier? op. cit., p.17.

A "Total Work of Art"

(1) Texts and Sketches for Ronchamp, op. cit. (unpaginated).

(2) See Rome conferences 1936 (op. cit), CIAM (Bridgewater 1947), CIAM (Bergamo 1949), Unesco (Venice 1952).

(3) See plenary session report of the 2nd Commission: CIAM Bergamo, July 1949 (FLC archives).

(4) Preface to Paul Damaz's Art in European Architecture, New York, Reinhold Publishing Corporation, 1956, p.X.

(5) See text by Le Corbusier in the "Tapisseries de Le Corbusier" exhibition

(34) Note dans dossier «création Ronchamp» (Archives FLC).

(35) Id.

(36) «Cinq questions à Le Corbusier», dans Zodiac, N°7, 1960, p.50.

(37) Maurice Besset, Qui était le Corbusier ? op. cit., p.17.

Une «œuvre d'art total»

(1) Textes et dessins pour Ronchamp, op. cit., s.p.

(2) Voir conférences Rome 1936 (op. cit.), CIAM Bridgewater 1947, CIAM Bergame 1949, Unesco Venise 1952.

(3) Voir compte-rendu séance plénière 2ème commission, CIAM Bergame, juil.1949 (Archives FLC).

(4) Préface à l'ouvrage de Paul Damaz, Art in European Architecture, New York, Reinhold Publishing Corporation, 1956, p.X.

(5) Voir texte de Le Corbusier dans catalogue exposition «Tapisseries de Le Corbusier», Musée d'Art et d'Histoire, Genève, 1975, p.11.

(6) Conférence internationale des artistes, Unesco, Venise, sept.1952 (compte-rendu, Archives FLC).

(7) Vers une architecture, éd. Crès, Paris, 1923, rééd. Arthaud, Paris, 1977, p.5.

(8) Dossier «création Ronchamp» (Archives FLC).

(9) «L'espace indicible», op. cit., p.9.

catalogue, Musée d'Art et d'Histoire, Geneva, 1975, p.11.

(6) Conférence internationale des artistes, Unesco (Venice), Sept. 1952 (for report see FLC archives).

(7) Vers une architecture, Crès editions, Paris, 1923; republished by Arthaud, Paris, 1977, p.5; translated into English by Frederick Etchells as: Towards a New Architecture, New York, Warren and Putman, p.11.

(8) See file "Création Ronchamp" (FLC archives).

(9) "L'espace indicible", op. cit., p.9.

(10) "Les tendances de l'architecture rationaliste en relation avec la peinture et la sculpture", op. cit., p.6.

(11) Id.

(12) Précisions sur un état présent de l'architecture et de l'urbanisme, republished by Crès, Paris, 1930, p.132; translated into English by the Massachusetts Institute of Technology, 1991, as: Precisions on the Present State of Architecture and City Planning, p.132.

(13) Interview published in: Architecture d'Aujourd'hui, No. 96, op. cit., p.3.

(14) Texts and Sketches for Ronchamp, op. cit. (unpaginated).

(15) Maurice Besset, Qui était Le Corbusier? op. cit., p.93.

(16) "Les tendances de l'architecture rationaliste en relation avec la peinture et la sculpture", op. cit., pp.10 and 11.

(10) «Les tendances de l'architecture rationaliste en relation avec la peinture et la sculpture», op. cit., p.6.

(11) Id.

(12) Précisions sur un état présent de l'architecture et de l'urbanisme, éd. Crès, Paris, 1930, rééd. Altamira, Paris, 1994, p.132.

(13) Interview dans l'Architecture d'Aujourd'hui, N°96, op. cit., p.3.

(14) Textes et dessins pour Ronchamp, op. cit., s.p.

(15) Maurice Besset, Qui était le Corbusier ? op. cit., p.93.

(16) «Les tendances de l'architecture rationaliste en relation avec la peinture et la sculpture», op. cit., p.10 et 11.

(17) Textes et dessins pour Ronchamp, op. cit., s.p.

(18) Architecture d'Aujourd'hui, N° spécial Le Corbusier, avril 1948, p.11.

(19) Œuvre complète, 1952–1957, op. cit., p.11.

Une œuvre manifeste

(1) Vers une architecture, op. cit., p.7 et 9.

(17) Texts and Sketches for Ronchamp, op. cit. (unpaginated).

(18) Architecture d'Aujourd'hui, special issue on Le Corbusier, April 1948, p.11.

(19) Œuvre complète, 1952–1957, op. cit., p.11.

Ronchamp: A Manifesto

(1) Towards a New Architecture, op. cit., pp.16, 17 and 19.

Bibliography / Bibliographie

Besset, Maurice, Qui était Le Corbusier?, Genève, Skira, 1968.

Bolle-Reddat, René, Le Corbusier à Ronchamp, coll. Voie d'accès, L'Est Républicain, Nancy, 1986.

Bolle-Reddat, René, Un Evangile selon Le Corbusier, Les Editions du Cerf, Paris, 1987.

Brooks, Allan, The Le Corbusier Archive, Vol. XX, Garland Publishing-Fondation Le Corbusier, New York, Paris, 1983.

Le Corbusier, Œuvre complète, Vol. V, 1946–1952, (1ère éd.1952).

Le Corbusier, Œuvre complète, Vol. VI, 1952–1957, (1ère éd.1957).

Le Corbusier, Le Voyage d'Orient, Forces Vives, s.l., 1966.

Le Corbusier, Vers une architecture, Crès, Paris, 1924, rééd. Flammarion, Paris, 1995.

Le Corbusier, Ronchamp, les carnets de la recherche patiente, Girsberger, Zürich, 1957.

Le Corbusier, Textes et dessins pour Ronchamp, Forces Vives, s.l., 1965.

Le Corbusier, Carnets, Fondation Le Corbusier-The Architectural History Foundation, New York, 1981, Dessain et Tolra, Paris, 1982.

Von Moos, Stanislaus, Le Corbusier, l'architecte et son mythe, Horizons de France, Paris, 1970.

Pauly, Danièle, Ronchamp, lecture d'une architecture, A.P.U.S.-Ophrys, Strasbourg, Paris, 1980.

Petit, Jean, Le Corbusier lui-même, Rousseau, Genève, 1970.

Petit, Jean, Le livre de Ronchamp, Editec, s.l., 1961.

Petit, Jean, Ronchamp, Desclée de Brouwer, s.l., 1956.

Illustration Credits / Crédits Iconographiques

All illustrations reproduced in this book have been taken from the Archives of the Fondation Le Corbusier, Paris (except photos on pages 11, 13 top, 24, 37 which are by the author).

Tous les documents iconographiques de cet ouvrage sont issus des archives de la Fondation Le Corbusier, Paris (sauf les photographies des pages 11, 13 haut, 24, 37 qui sont de l'auteur).

L'Œuvre de Le Corbusier chez Birkhäuser V/A
The Works of Le Corbusier published by Birkhäuser V/A

Le Corbusier
Œuvre complète/Complete Works
8 volumes
Français/English/Deutsch

Volume 1: 1910-1929
W. Boesiger, O. Stonorov (Ed.). 216 pages,
600 illustrations. Relié/hardcover,
ISBN 3-7643-5503-4

Volume 2: 1929-1934
W. Boesiger, H. Girsberger (Ed.). 208 pages,
550 illustrations. Relié/hardcover,
ISBN 3-7643-5504-2

Volume 3: 1934-1938
M. Bill (Ed.). 176 pages, 550 illustrations.
Relié/hardcover, ISBN 3-7643-5505-0

Volume 4: 1938-1946
W. Boesiger (Ed.). 208 pages, 259 illustrations.
Relié/hardcover, ISBN 3-7643-5506-9

Volume 5: 1946-1952
W. Boesiger (Ed.). 244 pages, 428 illustrations.
Relié/hardcover, ISBN 3-7643-5507-7

Volume 6: 1952-1957
W. Boesiger (Ed.). 224 pages, 428 illustrations.
Relié/hardcover, ISBN 3-7643-5508-5

Volume 7: 1957-1965
W. Boesiger (Ed.). 240 pages, 459 illustrations.
Relié/hardcover, ISBN 3-7643-5509-3

Volume 8: 1965-1969
W. Boesiger (Ed.). Textes par/texts by A.
Malraux, E. Claudius Petit, M. N. Sharma, U. E.
Chowdhury. 208 pages, 50 couleur/color, 254
b/n, b/w illustrations. Relié/hardcover,
ISBN 3-7643-5510-7

Le Corbusier: Œuvre Complète/
Complete Works
8-volume set. En cassette/boxed. 1708 pages,
2687 photos, esquisses/sketches, plans.
Relié/hardcover, ISBN 3-7643-5515-8

Le Corbusier 1910-1965
W. Boesiger, H. Girsberger (Ed.). Français/Eng-
lish/Deutsch. 352 pages, 248 photos, 179
plans, 105 esquisses/sketches. Relié/hardcover,
ISBN 3-7643-5511-5

Le Corbusier
Une petite maison
Textes et mise en page par Le Corbusier/writ-
ten and designed by Le Corbusier. Français/
English/Deutsch. 84 pages, 72 b/w illustra-
tions. Brochure/softcover
ISBN 3-7643-5512-3

Le Corbusier
Studio Paperback
Willi Boesiger (Ed.). Français/Deutsch. 260
pages, 525 illustrations. Brochure/softcover
ISBN 3-7643-5550-6

Immeuble 24 N.C. et Appartement
Le Corbusier /
Apartment Block 24 N.C. and
Le Corbusier's Home
Guides Le Corbusier
Jacques Sbriglio (Ed.). Français/English. 120
pages, 67 b/w illustrations. Brochure/softcover
Co-edition Fondation Le Corbusier /
Birkhäuser V/A
ISBN 3-7643-5432-1

Le Corbusier:
Les Villas La Roche-Jeanneret
The Villas La Roche-Jeanneret
Guides Le Corbusier
Jacques Sbriglio (Ed.). Français/English. 144
pages, 14 coloured and 66 b/w illustrations.
Brochure/softcover
Co-edition Fondation Le Corbusier /
Birkhäuser V/A
ISBN 3-7643-5433-X

BIRKHÄUSER V/A

Birkhäuser – Publishers for Architecture
Klosterberg 23
P.O. Box 133
CH-4010 Basel
Switzerland